KB146732

마이너스
금리의 경고

지금 세계는 한번도 가지 않은 길을 가고 있다

마이너스 금리의 경고

negative interest

—— 도쿠가츠 레이코 지음 · 이성규 감수 · 유주현 옮김 ——

다온북스
DAON BOOKS

왜 세계적으로 마이너스 금리가 발생하는가?

4장

금융·경제의 침식은 은밀히 진행되고 있다

5장

재팬 프리미엄이 드러내는 일본 경제의 현실

종장

마이너스 금리와 마이너스 성장의 악순환을 피할 수 있을까?

'마이너스 금리'는
또 다른 선택지일까

『마이너스 금리의 경고』를 읽고 나서 가장 먼저 든 생각은 "성장을 포기하면 어떨까"라는 것이다. 일본은 물론 전 세계가 '성장'에 목매다 보니 정책을 넘어 온갖 술책이 등장하는 듯하다. 그러나 여태껏 단 한 번도 '성장을 포기한다'거나 '저성장이 영원히 지속될 것'이란 생각을 해본 적이 없다는 것이 문제다.

물론 저성장이 오랫동안 이어질 수 있다는 생각은 했지만 언젠가는 다시 고성장이 찾아올 것이란 생각도 함께 했다. 과거에는 디플레이션이 없었던가. 혹은 마이너스 금리 시대가 없었던가. 그리고 다시 고성장이 찾아오지 않았는가. 이렇게 역사를 통해 배운 일종의 '학습효과'는 우리의 뇌를 그렇게 고정시켰는지 모른다. 따라서 책의 전부를 쉽게 받아들일 수 없었던 것이 사실이다. 그만큼 책의 한 구절 한 구절이 여러 번 생각하게 만들었다.

누군가는 이 책을 읽고 나면 크게 공감할 것이며 또 다른 누군가는 상당한 거부감을 느낄 것이다. 그렇지만 '마이너스 금리 시대'의 결과는 단 하나뿐이다. 미래는 이 책을 읽는 독자들의 '공감'과 '비공감' 중 하나만 현실화된다는 뜻이다.

중요한 것은 이 세상은 사람들이 만들어 간다는 사실이다. 어떤 일을 할 수 있다는 생각을 하게 되면 그것을 이룰 수 있는 방법을 생각하게 되고, 반대로 할 수 없다는 생각을 하면 이루지 못하는 방법만 떠올리게 된다는 말이다.

물론 저자의 일부 극단적인 생각에는 동의하지 않지만 이 책은 '마이너스 금리'를 실감할 수 없는 사람들에게 그 사고 영역 자체를 넓혀준다는 점에서 상당히 좋은 책이라고 할 수 있다. 오로지 성장 외에는 대안이 없는 것처럼 생각했던 자체가 일본은 물론 세계 경제, 그리고 더 나아가 자본주의 사회의 한계였는지 모른다.

지금 이 순간에도 기자는 플러스만이 아닌 '마이너스 금리'를 선택할 수 있는 '기회'가 주어지는 것인가라는 반문을 끊임없이 하고 있다.

'마이너스 금리'는
'정책 제어 불능'을 말하나

● ● ●

1장 '왜 세계적으로 마이너스 금리가 발생하는가'에서 저자는 '마이너스 금리'가 일시적인 정책이 아님을 말하고 있다.

정책금리가 제로에 가까운 수준까지 내려와 금리인하라는 전통적인 완화수법이 어려워졌고 이를 보완하는 정책으로 등장한 것이 '양적완화'이다. 하지만 이러한 방법도 모자라 '마이너스 금리'가 등장했다는 것은 기존 통화완화 정책이 시장에 영향을 미치지 못한다는 사실을 말하는 듯하다. 즉, '마이너스 금리'를 '정책 제어 불능'이라는 관점에서 보면 좀 더 이해하기 쉬울 것이다.

특히 일본의 경우 채권시장의 구조적 문제, 달러와 엔의 관계를 설명하면서 마이너스 금리 현상을 설명하고 있다는 것에 주목할 필요가 있다. 이는 정책이 시장을 이끄는 것이 아니라 오히려 정책이 시장에 끌려가고 있다는 것을 말하기 때문이다. 이는 앞서 언급한 것처럼 '마이너스 금리'가 일시적인 정책이 아닌 이유가 될 수 있는 부분이다.

또 저자가 우려하는 하이퍼 인플레이션 발생 여부 역시 '정책 제어 불능'이라는 관점으로 보면 보다 쉽게 책을 읽어나갈 수 있을 것이다.

빚으로 움직이는 시장,
인플레이션은 누구를 위한 것일까

● ● ●

2장 '마이너스 금리의 서막, 점점 낮아지는 금리'에서 세계적인 저금리 기조의 원인으로 테크니컬 측면과 구조적 문제가 지적됐다. 그러나 장기적 관점에서 테크니컬 요소보다는 구조적 문제가 분명크게 작용한다. 이것이 저자가 말하는 '구조적인 저성장'이다. 그렇지 않다면 장기적으로 금리가 낮아지고 있는 현상을 설명하기 어렵다.

구조적인 저성장은 어쩌면 당연한 말이다. 경제 규모가 커질수록 경제성장률을 유지하기도 어렵기 때문이다. 이러한 상황에서 금리가 성장률보다 높다면 그 누구도 돈을 빌려 투자하는 멍청한 짓은 하지 않을 것이다.

투자가 활성화되지 않을 경우 경제성장은 물론 인플레이션 발생을 기대하기도 어렵다. 만약 인플레이션이 발생하지 않는다면 누가 가장 큰 피해를 입을까. 정답은 막대한 부채를 지니고 있는 주체다. 인플레이션은 화폐가치를 낮춰 채무자의 상환부담을 줄이는 역할을 하기 때문이다.

정부의 입장에서 왜 인플레이션이 중요한지 알 수 있는 대목이다. 이렇다 보니 필사적으로 금리 수준을 억압한다. 그리고 대출확대를 요구한다. 세계 금융시스템은 '빚으로 움직이는 시장'이기 때문이다. 빚을 무너뜨리지 않으려면 빚으로 막는 방법밖에는 없다.

'마이너스 금리의 세계' 모든 상식을 뒤엎을까

• • •

저자는 3장 '마이너스 금리의 세계'에서 마이너스 금리와 연관된 여러 사례를 상상력을 동원해 설명하고 있다. 그러나 독자들이 이를 쉽게 이해할 수 없을 것이다. 모든 상식을 뒤엎어야 하기 때문이다.

예를 들면, 마이너스 금리로 대출을 받고 시간이 흘러 대출을 상환할 때 다시 마이너스 금리로 대출을 받으면 오히려 갚은 돈이 적어진다. 이것이 반복되면 결국 최종적으로 갚아야 하는 돈은 0에 가까워진다. 기존의 상식으로는 분명 이해하기 어렵다.

여기서 마이너스 금리로 인해 미래의 화폐가치가 낮아진다는 것은 인플레이션 발생으로 볼 수 있다. 하지만 저자는 유럽 채권시장의 예를 들며 아주 근본적인 문제를 제기한다. 마이너스 금리 시대에는 돈을 빌려주는 사람이 손해인데 누가 빌려주겠냐는 것이다.

인플레이션을 단순히 '가격이 오른다'는 측면에서 보면, 어떤 자산의 가격이 오르기 위해서는 수요와 공급에서 수요가 우위를 점해야 한다. 또 수요 측의 자금이 풍부해야 한다. 그러나 '돈을 빌려주지 않는 사회'가 도래하면 수요 측의 자금은 제한될 가능성이 높다. 화폐가치 측면에서 인플레이션이 발생하는 결과를 낳겠지만 돈이 돌지 않는다면 실제 인플레이션 발생은 기대하기 어려운 아이러니한 상황이 펼쳐진다.

이는 사실상 금융시스템의 붕괴다. 자금융통의 줄임말인 '금융'이 그 역할을 못 하기 때문이다. 이러한 상황이 현실화될 것이라고 절대 확신할 순 없지만, 저자의 말처럼 '마이너스 금리'가 모든 상식을 뒤엎는 것은 사실이다.

한편으로는 저자가 건드린 마이너스 금리 시대의 '근본' 문제를 어떻게 해결할지 그 답을 찾아낸다면 '상식 뒤엎기'보단 '상식 확장'의 기회가 될지도 모른다는 생각도 든다.

역사는 '변형된 형태'로 반복된다

• • •

4장 '금융경제의 침식은 은밀히 진행되고 있다'는 크게 두 가지의 관점에서 볼 필요가 있다. 정치와 금융의 관점이다.

일본 아베 정권의 경제정책은 '3개의 화살: 미쓰야三矢'로 상징된다. 왜 아베는 '미쓰야'라는 단어를 썼을까. 미쓰야 계획〈미쓰야 연구-쇼와 38년 통합방위도상연구, 통합막료부 작성〉이라는 보고서에는 한반도 유사시 작전계획이 포함돼 있다. 한반도에서 다시 전쟁이 발발하면 핵폭탄을 떨어뜨리고 주일 미군과 함께 자위대가 한반도에 상륙해 재주둔하는 것을 골자로 하고 있다. 여기서 '미쓰야'란 단어는 1965년 당시 방위청 장관이었던 고이즈미 준야(고이즈미 총리의 아버지)에 대한 국회의 대정부 질문에서 나온다. '미쓰야'는 한미 상호방위조약과 '미일 안보조약'을 기반으로 한 남한, 일본 그리고 미국 이 세 나라를 화살에 빗대어 표현한 것으로 짐작되고 있다.

아베 총리의 외조부인 기시 노부스케는 야당의 반발에도 불구하고 1960년 '미일 안보조약' 개정을 통해 불평등한 부분을 대폭 개선한 현재의 미일 안보관계의 틀을 만들었다.

따라서 미쓰야는 아베 총리에게 전혀 낯선 단어가 아니다. 기시 노부스케가 야당의 반발에도 불구하고 '미일 안보조약'을 강하게 추진했다는 측면에서 보면 아베 총리의 '미쓰야'가 얼마나 강하게 추진될 것인지 미리 짐작할 수 있다.

한편, 저자는 모든 이야기를 '돈을 빌리는 것'으로부터 풀어간다. 금융시스템 자체가 빚을 지지 않고 살 수 없도록 돼 있다는 말을 직접적으로 언급하지 않았지만 통화량 증가는 기본적으로 대출로부터 시작된다는 점에서 저자는 빚으로 움직이는 현 금융시스템의 근본을 조심스럽게 건드리고 있는 셈이다.

그렇다면 '마이너스 금리'로 인해 기존 금융시스템이 붕괴되는가에 대한 의문이 생기기 마련이다. 하지만 역사는 반복된다. 엄밀히 말하면 역사는 '변형된 형태'로 반복된다. '마이너스 금리'를 '플러스 금리가 변형된 형태'로 본다면 지금 상황을 심각하게 받아들일 필요는 없어 보인다. 그렇다고 해서 위험성이 전혀 없다고도 할 수 없는 이유는 '가보지 않은 길'에 대한 두려움 때문인지 모른다.

'안전자산'이라는 엔화의 상징성

• • •

5장 '재팬 프리미엄이 드러내는 일본 경제의 현실' 부분을 이해하기 위해서는 '안전자산'으로서의 엔화를 알 필요가 있다.

금융시장이 불안할 때, 안전자산 선호 현상이 나타난다. 엔화도 안전자산 중 하나로 꼽히기 때문에 시장 위험은 엔화를 강세로 만드는 요인 중 하나다. 흥미로운 것은 일본 경제가 불안하다는 소식이 들려도 엔화는 강세를 띤다는 것이다.

일반적으로 한 국가가 부도 등의 위험에 휩싸여 불안 심리가 확산되면 해당국의 통화가치는 떨어지고, 이러한 상황이 지속돼 악화될 경우 하이퍼 인플레이션 등 최악의 상황이 발생하기도 한다. 하지만 엔화는 이러한 측면과 비교해보면 분명 다르다.

만약 엔화가 이렇게 특수한 성격을 가지고 있지 않다면 굳이 양적완화를 통해 엔화 약세를 유도하지 않아도 된다. 아베 신조 총리가 "일본 경제는 불안합니다"라는 한마디 말만으로 엔화를 약세로 만들 수 있기 때문이다.

따라서 '아베노믹스'로 인한 엔화 약세는 풍부한 유동성의 힘이 시장 불안에 따른 엔화 강세를 이긴 결과물이라 할 수 있다.

하지만 일본 경제가 실제로 파국 국면에 들어설 경우, 엔화는 어떻게 될까. 이때도 시장 불안으로 강세를 띨까. 극단적으로 말해 일본이라는 나라가 사라진다 해도 엔화가 강세를 띨 것인지를 묻는 것이다.

사실 금, 달러, 엔화 등의 안전자산은 '우상화'로부터 기인한다. 과거부터의 인식이 그렇게 작용하는 탓이다. 이러한 맥락에서 보면 최근 정책불안, 미일간 금리스프레드 확대 등으로부터 기인한 엔화 강세는 그리 우려할 사항이 아닌 것처럼 보인다. 이는 적어도 일본이 망하지 않을 것이라는 배경이 작용하고 있기 때문이다.

그렇다면 일본의 입장에서 가장 두려운 것은 무엇일까. 단순 엔

화 약세가 아닌 엔화의 '초약세'가 될 것이다. 일본이 양적완화를
통해 무조건적인 엔화 약세를 추구한다기보단 엔화 초약세를 억누
르고 있다는 관점으로 보는 것을 추천한다.

이성규(〈이코노믹리뷰〉 기자)

눈에 보이지 않는
마이너스 금리의 세계

표면적 금리만 보아서는
알 수 없다

● ● ●

2015년 9월 17일 (일본시간 18일 새벽), 미국 중앙은행인 연방준비제도위원회FRB의 결정회합은 과거 약 10년 동안 시행되지 않았던 금리인상을 단행할 것인가 여부를 두고 전세계의 이목을 집중시켰다. 결국 금리인상은 연기되었지만 이 회합은 글로벌시장이 과거 1년간 가장 촉각을 곤두세웠던 이벤트였다고 할 수 있다.

FRB는 2008년 금융위기를 계기로 제로금리정책과 양적완화를 도입했다. 그후 경기회복 효과가 있었다고 판단했기 때문에 2014년 1월부터 10개월간에 걸쳐 자산매입을 통한 양적완화를 축소하면서 금리인상 준비를 해왔다. 2015년 들어 6월에 금리인상이 될 것으로 예상하는 설도 유력했지만 옐런 연준 의장이 중시하는 고용지표 개선이 확실하지 않다는 이유로 연기되었다.

2015년 8월, 미국의 실업률이 5%대 초반까지 떨어지며 금융위기의 충격에서 벗어나던 참에 중국을 필두로 세계 주가가 급락했다. '아무래도 금리인상은 힘들지 않겠는가'라는 신중론과 '가능할 때 금리인상을 해두지 않으면 영원히 못하게 된다'는 금융정책 정상화론이 부딪쳤다. 그런 가운데 열린 9월 FRB 회합은, 설령 금리인상 가능성을 다음번 결정회합으로 넘긴다고 하더라도 과연 제로금리정책에서 전환할 수 있을지 여부를 점치는 지극히 중대한 결정의 장이었다.

그런 한편으로 '아니다. FRB가 금리인상을 하거나 말거나 대세에 지장은 없다'고 달관하는 시각도 시장에는 존재하고 있다. 이런 시각은 지극히 장기간에 걸친 제로금리정책으로 인해 금리정책이 더 이상 힘을 쓰지 못하게 된 상태에 주목하는 것이다. 그들의 입장은 이렇다. 금리는 기본적으로 0%의 하한이 있고, 그 근방에 정착된 시점에서 양적완화라는 다른 차원의 카드를 꺼내더라도 경기촉진 효과를 보기는 사실상 어렵다는 것이다.

의도하지 않더라도 환율이 금리를 대신해 실질적인 금융정책 역할을 하고 있는 것이 분명한 현실이다. 글로벌 경제 속에서 자국통화가 싸지면 수출 가격경쟁력이 상승하고 해외소득의 자국통화 환산 가치가 증가해 실질적인 면에서 경기에 완화효과를 가져오기 때문이다.

2013년 이후 달러는 엔화 대비는 물론 다른 통화에 대해서도 상승하고 있다. 80엔이었던 달러-엔 환율은 120엔으로 50%, 유로-달러 환율은 1.38달러에서 1.1달러로 달러 가치가 25% 상승했다. 2015년 9월의 FRB 회합을 기다릴 것도 없이, FRB가 직접 제어하지 않고도 실질적인 긴축이 시행되고 있었던 셈이다. 따라서 FRB가 금리인상을 할지 말지가 결정적인 영향력이 없다고 하는 입장은, 시장이 'FRB는 금리인상을 완전히 포기했다'고 보고 그 결과 달러 가치가 하락을 시작하지 않는다면 상당히 정곡을 찌르고 있는 셈이다.

금융정책이 긴축인지 아닌지 여부는 FRB의 금리인상 여부만으로는 알 수 없다. 역으로 말하면 금리인상 결정 이외의 흐름(이 경우는 환율 변동)을 보고 알 수 있는 경우도 많다.

이런 예를 든 것은 사실 일본에서 마이너스 금리가 조용히 발생하고 있는 상황과 공통되는 점이 있기 때문이다. 일본은행BOJ의 금융정책이나 공표되는 각종 금리 이외의 것들까지 두루 꿰뚫어 보아야만 일본 경제의 우려할 만한 징후를 이해할 수 있을 것이다.

엔 금리의 "할인"이 발생하고 있다

● ● ●

엔의 마이너스 금리는 사실 최근 몇 년 동안 발생 빈도가 높아지고 있다. 하지만 대부분의 경우 거래 당사자나 일부 금융관계자들만 그 발생 사실을 알게 되고, 일반 투자가들로서는 좀처럼 눈으로 볼 수 없다. 필자는 채권시장 분석 업무를 하고 있기 때문에 금리동향을 예민하게 주시하고 있는데, 2013년 4월 이후 일본은행의 '이차원異次元 금융완화(역주-일본은행이 구로다 하루히코 총재 취임과 함께 디플레이션에서 벗어나기 위해 단행한 강력한 양적·질적 완화)'가 마이너스 금리 발생을 확실히 증폭시켰다고 보고 있다.

이차원 금융완화에 따라 엔이라는 통화의 공급이 가속적으로 증가되었기 때문에, 엔화를 빌리고자 하는 사람보다 달러를 빌리고자 하는 사람이 훨씬 많아졌다. 그 때문에 엔화를 빌리는 사람에 대해 엔화를 빌려주는 쪽에서 대폭 할인을 해주게 된 것이다.

이런 전문 투자가들 사이에서 이뤄지는 거래 실태에 대해서는 1장 이후에 다루겠지만, 거기서 발생하는 보이지 않는 마이너스 금리는 예컨대 정가판매를 하는 물건에 '덤'을 붙여 파는 것과 비슷하다. 엔화의 보유자인 일본 투자가는 "정가"인 리보Libor(런던은행간거래금리)에 '엔금리 할인'이라는 덤을 붙여서 달러 보유자인 해외투자가에게 엔화를 빌려주고 달러를 빌리고 있다. 하지만 그런 거래에서의 덤은 그 즉시는 "정가"에 포함되지 않는 구조로 되어 있기 때문에 통상적으로는 보이지 않는 것이다.

그러나 그런 '끼워팔기'가 너무도 증가했기 때문에 그 마이너스 금리가 단기국채시장에서 가시적인 형태로 드러나게 됐다. 3개월물 단기국채는 2014년 종반 이후 만성적으로 마이너스 0.1~0%로 거래되고 있다. 이는 엔화를 끼워팔기로 획득한, 즉 엔화를 마이너스 금리로 조달한 해외투자가가 '초저금리 국채라도 차익을 얻을 수 있다'며 투자해 왔기 때문이다. 2년물 국채도 일시적이긴 하지만 마이너스 금리로 거래되었고, 지금은 0% 부근에서 움직이고 있다.

유럽에서는 중앙은행인 ECB가 정책금리를 마이너스로 설정하고 있다. 여기에 양적완화 정책이 맞물려 독일의 단기국채 금리가 마이너스가 된 것처럼 시장금리의 마이너스화를 목격할 수 있다. 유럽에서 마이너스 금리는 일반 투자가에게도 '보이는 마이너스 금리'인 측면이 크고, 이는 일본의 경우와 대조적이다.

마이너스 금리의 시작점에는
재정 리스크가 있다

● ● ●

일본의 '보이지 않는 마이너스 금리'가 왜 문제일까? 그 원류를 따라가다 보면 공전의 금융완화, 그와 한 덩어리가 된 재정 확장에 다다르기 때문이다.

일본의 재정이 지극히 위험한 상황에 놓여 있다는 것은 널리 알려져 있다. 지금 젊은이들은 미래에 자신들이 충분한 연금을 받을 수 있다고 생각하지 않을 것이다. 일본의 채무는 GDP의 200%를 가볍게 넘어섰다. 이는 아베노믹스가 시작된 2012년말 이래 약 2배가 된 일본 주식시장 시가총액의 다시 2배가 되는 규모다. 그럼에도 불구하고 일본이 발행하고 있는 국채의 금리는 낮은데, 2015년 현재 10년물 국채 금리가 0.2~0.4%로 거래되고 있다. 세계 최대 규모의 재정적자를 안고 있는 나라의 국채 금리가 세계 최저 수준에 있다는 것은 세계 7대 미스터리로 꼽아도 좋지 않을까.

실은 이런 의문을 풀어줄 열쇠가 바로 마이너스 금리다. 일본의 마이너스 금리의 발생 배경을 더듬어 가면, '재정 리스크가 있는데도 불구하고 금리가 낮다(또는 마이너스 금리가 발생하고 있다)'가 아니라, '재정 리스크가 있기 때문에 마이너스 금리가 있다'라는 역설적인 결론에 도달하게 된다. 이 관계는 좀처럼 단순명쾌한 해설이 어렵다. 1장 이후에는 독자들이 조금은 어렵게 읽어야 하는 부분도 있을지 모른다.

일본의 마이너스 금리를 세계 7대 미스터리인 채로 방치한다면 일본 경제에 국채 폭락보다 훨씬 심각한 사태가 벌어질 것으로 우려된다. 일본국채의 소버린 리스크^{Sovereign Risk}(국가 부도 위험)에 대하여 지금까지 많은 연구에서 '국채 폭락' '하이퍼 인플레이션'을 최악의 시나리오로 상정하고 진지하게 분석해 왔다. 그러나 마이너스 금리의 발생은 전혀 다른 형태의 일본 경제의 쇠퇴, 또는 자연소멸 시나리오를 초래하게 될 것이다. 이런 강한 위기감이 이 책을 집필하기로 마음먹은 계기가 되었다.

마이너스 금리는
마이너스 성장을 부른다

● ● ●

재정 리스크가 금리 폭등이 아니라 정반대인 마이너스 금리로 이어진다는 역설은, 본래 경제성장을 촉진할 것으로 예상되던 저금리(마이너스 금리도 포함해서)가 고성장은커녕 반대로 마이너스 성장을 초래하는 모순으로도 이어진다.

전에는 약효가 바로 오던 약을 장기간 복용해도 소용이 없다면 다른 치료법을 시도하는 것이 현명하다. '올바른 치료법이 틀림없다'며 먹던 약을 계속 쓰거나 더욱 처방을 늘렸을 경우 효과는커녕 부작용으로 더욱 병세가 심해지는 사례도 종종 있다.

매우 일반적인 '표준 경기회복약'이었던 저금리 정책은 이제 그런 벽에 부딪친 것이 아닐까 싶다. 그럼에도 불구하고 처방량을 더욱 늘려야 한다는 의견도 있다.

마이너스 금리는 경제를 왜곡시키지 않고 성장을 불러올 수 있을까? 3장 이후에 자세히 분석하겠지만, 심각한 결론에 도달하지 않을 수 없다.

보이지 않는다는 것은 인간에게 약점으로 작용하기 쉽다. 지금 종종 발생하고 있는 마이너스 금리도 보이지 않는다는 이유로 '거래 당사자들만의 특수한 경우'로 생각하기 쉽다. 그러나 일본의 마이너스 금리가 일본 경제에 있어 중대한 시사점을 포함하고 있다는 것은 틀림없는 사실이다.

negative interest

1장

왜 세계적으로
마이너스 금리가
발생하는가?

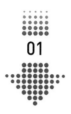

01

강제적으로 마이너스 금리를
도입한 유럽 중앙은행

ECB의 마이너스 정책금리는
일시적인 것이 아니다

● ● ●

'마이너스 금리'라는 제목을 신문에서 빈번히 보게 된 것은 2014년 중반부터다. 2014년 6월 5일에 ECB(유럽중앙은행)가 내린 일부 정책 금리를 마이너스로 한다는 결정이 계기였다. 정책금리는 중앙은행 이 민간은행과의 거래를 할 때 사용되는 금리의 '우두머리'와 같은 것이다.

개가 사람을 무는 것보다 사람이 개를 무는 편이 뉴스가 되는 세상이다. 즉 희소한 쪽이 뉴스가치가 높다. 금리는 본래 마이너스가 되지 않는 법이다. 그런데도 ECB는 '우두머리' 금리를 마이너스로 했다. ECB의 이런 결정에는 차고 넘치는 뉴스 가치가 있었다.

그렇지만 유럽에서 마이너스 정책금리가 설정된 일이 과거에 전혀 없었던 것은 아니다. 스위스 중앙은행인 SNB는 1972년 7월에 마이너스 금리를 도입했다. 1972년은 제1차 오일쇼크 직전으로, 당시 중동 정세가 불안정했다. 때문에 안전통화인 스위스 프랑에 매수세가 몰렸다. 자국 통화가 지나치게 강해지면 수출 등 대외 비즈니스에서 가격 경쟁력이 떨어져 버린다. 마이너스 금리정책은 그 대항책으로서 취해진 것이다. 금리를 인하하면 그 통화를 보유함으로써 얻어지는 '이율(수입)'은 감소한다. 때문에 직접적인 통화안정 효과가 있다. 당시에 시장은 '스위스 프랑 강세를 저지한다'는 특수사정 때문에 도입된 일시적인 정책으로 마이너스 금리를 인식했다.

그로부터 30년 이상이 흘러 2009년 8월에 스웨덴 중앙은행인 리크스뱅크도 마이너스 금리를 도입했다. 리크스뱅크의 경우는 '통화 강세에 대항하기 위한 마이너스 금리'라기보다는 몇 가지 금리로 구성되는 정책금리 체계를 인하했더니 그 하한에 위치하는 하나의 정책금리가 우연히 마이너스가 되어버린 인상이 강했다. 따라서 시장은 별로 심각하게 받아들이지 않았다. 그 후 2012년 8월에는 덴마크 국립은행도 마이너스 금리를 도입했는데, 이 경우는 SNB와 마찬가지로 유로에 대한 통화 강세를 억제하기 위한 것이었다.

이 단계까지는 아직 마이너스 금리가 일시적인 것이라는 인식이 강했고, 유럽에서는 마이너스 금리가 미치는 경제권이 작았다. 리크스뱅크는 2010년 8월, 덴마크 국립은행은 2014년 4월에 마이너스 금리를 해제했다.

그러나 2014년 6월에 ECB가 마이너스 금리를 결정했을 때는 과거와 같은 '일시적, 또는 우연한 조치'로 인식되지 않았다. ECB는 마이너스 금리의 목적이 '디플레이션 대책으로서의 금융완화 강화'라고 설명했다. 그러나 이미 2008년의 리먼 사태 이래 경기부양책을 요구하는 정치적 압박이 중앙은행에 집중되어 금융완화는 만성화되고 있는 상태였다. 뒤늦게 마이너스 금리를 도입했다고 해서 그리 간단히 디플레이션이 해소될 리가 없다고 생각한 시장 참가자가 많았을 것이다. 하지만 디플레이션이 해소되지 않으면 일단 도입된 시책을 종료하는 일도 어려워진다. 따라서 마이너스 금리는 쉽게 해제될 수 없을 것이라고 시장도 예측하게 된 것이다.

유럽 전체와 덴마크를 비교하면 ECB 쪽이 당연히 리더격이다. ECB의 결정 후, 덴마크 국립은행은 재빨리 9월에 정책금리를 마이너스로 돌리고, 그 후 4차례의 금리인하로 마이너스 0.75%까지 끌어내렸다. 2014년 12월에는 SNB도 정책금리를 마이너스 0.25%로 인하했고, 2015년 1월에는 그때까지 해오던 대對 유로 무제한 환율 개입을 정지했다. SNB는 유럽 재정위기가 한창이던 2011년 9월 이후 '1유로=1.2 스위스 프랑' 이상으로 스위스 프랑 강세가 되지 않도록 스위스 프랑 매도, 유로 매수의 무제한 개입을 한다고 선언했었다. 그러나 매수해오던 유로가 하락을 거듭하자 무제한으로 유로를 사들이는 일을 마침내 포기한 것이다. SNB는 대신 통화 강세 대책으로서 금리인하를 강화해 정책금리를 마이너스 0.75%로 했다. (도표1-1) 환율 개입을 완전히 포기한 것은 아니지만, 환율 개입에만 의존할 수 없어진 것이다.

| 도표 1-1 | 유럽 중앙은행의 주요 마이너스 정책금리

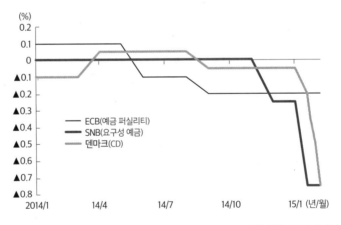

출처: 각국 중앙은행 웹사이트

지금도 무제한 개입이 시행되던 때의 수준을 넘는 스위스 프랑 강세가 계속되고 있는 것을 감안하면, SNB의 마이너스 금리 또한 그리 간단히는 해소되지 않을 것으로 시장은 예측하고 있다.

초과준비에 대한
부리付利가 마이너스로

• • •

이러한 정책금리는 구체적으로 어떤 금리를 가리키는 것일까. 뉴스 제목에서는 '정책금리'라고만 보도되는 경우가 많지만, 마이너스가 된 것은 중앙은행에서의 초과준비(ECB에서의 명칭은 '예금 퍼실리티')에 붙는 금리(=초과지준부리)다.

원래 중앙은행에 대한 준비예금은 민간은행이 예금의 인출 등에 대비하기 위해 글자 그대로 준비하는(=쌓아 두는=예금하는) 것이다. 그리고 민간은행은 정해진 준비율에 따라 소요액을 '어쩔 수 없이' 쌓아 두는 것이 보통이었다. 왜냐하면 초과준비에 돈을 거치해도 금리가 붙지 않으니 돈을 '놀리는' 상태가 돼 버리기 때문이다. 한편 중앙은행 측에서도 과도하게 쌓아두기를 바라지 않았다. 따라서 과거에 금리가 보통 플러스였던 때는 FRB나 일본은행에 초과준비에 금리를 더한다는 발상이 없었다. 초과지준부리가 도입된 때는 2008년이다. ECB나 잉글랜드 은행은 금리를 붙이고 있었지만 그 수준이 주요 정책금리보다도 낮았기에 초과준비를 쌓아 두지 않게 억제하는 형태였다.

초과준비에 금리가 붙지 않는다는 것은 '1%도 마이너스 1%도 아니라 굳이 0%를 골라 금리를 설정하고 있다'기보다는, 단순히 금리가 없을 뿐인 상태였다. 그러나 금리가 0%에 접근하자 금융완화정책으로서 전통적인 금리인하 카드를 쓰기가 어려워지고, 양적완화라는 다른 축으로 전환하면서부터 초과지준부리라는 정책금리가 시장에서 전례 없이 중요해져 버렸다. 다음에서는 일본·미국·유럽의 초과지준부리와 시장금리의 힘겨루기를 살펴보겠다.

02

초과지준부리가
정책금리의 주인공이 되다

정책금리는
금리체계의 우두머리

● ● ●

중앙은행이 결정하는 정책금리는 각 통화의 금리체계를 정하는 기준점에 위치한다. 우선 초과지준부리를 포함한 정책금리와 금리전체의 체계를 살펴보자. 금리는 신용리스크, 기간, 통화라는 세 가지 축으로 생각하면 이해가 쉽다.

　신용리스크는 빌려준 돈을 돌려받지 못할 리스크로, 가장 원시적인 금리의 존재 이유다. 빌려간 자금을 투입한 비즈니스나 업무의 수익성과 확실성, 그리고 빌려간 쪽의 '변제 의사'라는 소프트한 면도 반영된다. 따라서 신용리스크는 특정 국가나 개별 기업이라는 미시적인 요소가 강하다. 또 신용리스크를 보전하는 것으로 담보가 있다. 변제불능 여부는 '0이냐 1이냐' 하는 식으로 둘 중 하나를 선택하는 것이 아니라 '100 중의 90은 변제할 수 있다' 또는 '50밖에 변제할 수 없다'는 식의 연속적인 문제라는 사실도 중요하다.

다음은 기간인데, 신용리스크도 단기적으로 돈을 변통해주는 것과 장기의 투자자금으로서 대출해주는 것과는 요구하는 금리가 다른 게 당연하다. 따라서 기간에 따른 금리의 구별은 신용리스크의 정도와 완전히 별개는 아니지만 개념으로서 다른 축에서 다루는

| 도표 1-2 | 금리체계의 3가지 요소

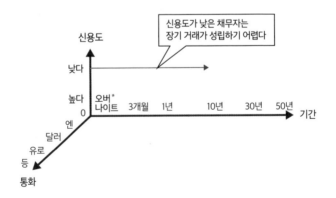

편이 이해가 쉽다. 개별 채무자에 관한 신용리스크는 미시적인 것인데, 이것을 떼어냄으로써 보다 거시적인 축이 된다.

기간별 금리체계는 '일드 커브yield curve(기간구조)'라 불린다. 국가의 신용력은 기간을 연장해도 변하지 않는다는 전제를 인정한다면, 국채 금리는 가장 순수하게 기간구조를 표시한다고 볼 수 있다. 이어서 은행의 '도매'적인 금리를 나타내는 스왑금리가 있다. 실제 시장에서는 하루동안 자금을 주고받는 오버나이트 금리부터 수개월, 수년~10년 정도까지는 다양한 신용리스크의 채무자가 참가하고 있다. 한편 10년이 넘는 채무자는 정부나 공적기관, 또는 전력 등 공적 서비스에 가까운 사업을 하는 기업이 중심이 된다. 최장 연한의 금리는 정부가 발행하는 채권(국채)으로, 일본의 경우 40년, 해외에서는 프랑스, 영국 등에 50년짜리 국채가 존재하고 거래도 되고 있다. 거시적 요소가 지배적이다.

마지막 축인 통화는 금리를 각자 따로 놀게 하는 어장과 같은 것이다. 예컨대 달러 금리와 엔화 금리는 별도의 체계로 움직이고 있다. 그 첫 번째 이유는 금융정책이 다르기 때문이다. 그러나 한편으로 글로벌하게 자금이 자유롭게 이동할 수 있는 경제에서는 다양한 경로를 통해 달러 금리와 엔화 금리가 연동되고 있다. 자금을 운용하는 경우, '달러채에 투자하는가, 엔화채에 투자하는가' 또는 조달하는 경우도 '달러채를 발행할 것인가, 엔화채를 발행할 것인가'라는 선택을 하는 주체가 존재한다. 이들이 달러·엔화 금리의 연동을 강화시키고 있다. 이런 것들이 일체가 되어 금리체계를 구성하고 있다.

전통적인 정책금리는 은행간(인터뱅크)의 시장금리에 대한 유도 목표라는 형태로 설정되고 있다. 인터뱅크 시장은 금리의 도매시장과 같아서 도매가격이 시장 전체에 파급된다. 중앙은행은 인터뱅크 금리가 높으면 자금을 공급하고, 반대로 낮으면 자금을 흡수하는 형태로 금리의 유도 목표를 달성해 왔다.

미국의 정책금리로는 오버나이트의 인터뱅크 금리인 FF[Fed Fund] 금리가 채용되고 있다. 2007년 이후의 정책금리인하로 FF금리의 유도 목표는 0~0.25% 범위로 설정됐다. 일본에서도 2013년 4월 구로다 일본은행 총재 취임 전에는 무담보 콜의 오버나이트 금리(은행간에 무담보로 거래되는 하루짜리 금리)를 정책목표로 삼아, 최후의 유도 목표는 0~0.1%의 범위로 설정되어 있었다.

이와 비슷하게 유럽에는 이오니아[EONIA] 금리라는 유로존 은행간의 단기자금 조달 금리가 존재하는데, 정책금리는 중앙은행인 ECB가 민간은행에 자금을 대출할 때의 금리(2주간)이다. 아주 똑같지는 않지만 은행이 'ECB에서 돈을 빌릴 것인가, 인터뱅크에서 조달할 것인가'라는 재정裁定이 작용하기 때문에 둘 사이의 연동성은 높다.

초과지준부리는
양적완화를 지탱하는 열쇠

● ● ●

민간은행은 남아도는 자금을 중앙은행에 초과준비로 맡기면 최소한 초과지준부리는 받을 수 있다. 초과지준부리는 일본에서는 2008년 이래 0.1%다.(역주－2016년 1월 29일 일본은행은 -0.1%의 마이너스 정책금리를 도입했다.) 역으로 말하면 초과지준부리보다 낮은 금리로 투자해야 한다면 중앙은행에 맡기는 편이 낫다. 이러한 재정 때문에 초과지준부리는 단기금리의 하한(플로어)을 형성한다는 성질을 갖고 있었다. 그러나 그 바닥이 의외로 견고하지 못했다.

최근 정책금리가 제로에 가까운 수준까지 내려왔기 때문에 금리 인하라는 전통적인 완화 수법이 어려워졌다. 그 대신 통화의 '양'을 늘린다는 발상이 나왔다. '양적완화'라는 금융완화 수법이다. 영어로는 'Quantitative Easing'으로, QE라는 약칭이 사용되고 있다. Easy는 '간단하다'는 의미가 아니라 '느슨하다'는 뜻으로, 반대말은 Tight가 된다.

양적완화는 구체적으로 중앙은행이 민간은행으로부터 국채 등의 자산을 매입하면 그 대금이 중앙은행에 준비예금으로 예금되는 형태로 일어난다. 매입까지는 가지 않더라도 자산을 담보로 3년, 4년짜리 장기자금을 제공하면 실질적으로는 매입에 가깝다. 민간은행이 중앙은행의 자산매입에 응하는 것은 우선 '비싸게 팔리기' 때문이다. 중앙은행이 정책적으로 산다고 알려지면 시장가격도 덩달아 상승하게 된다.

그런데 파는 건 좋지만 그 대금을 금리 0%의 준비예금 형태로 대량으로 쌓아두어야만 한다면 매입에 응할 의욕은 떨어진다. 민간은행으로서는 일시적인 매각익보다 계속해서 기간수익을 얻는 것이 중요하기 때문이다. 계속적인 기간수익은 은행이 중개기능을 하고 있다는 증거기도 하다.

은행 예금자나 주주 입장에서는 '은행이 자금을 그냥 일본은행에 방치한다는 것이 과연 비즈니스라 할 수 있는가?'라는 의문도 자연스럽게 품게 된다. 그러한 비아냥을 담아 중앙은행에 준비예금이 대량으로 쌓여있는 상태를 종종 '쭉정이 쌓기'라고 표현한다.

따라서 지나친 단순화가 될 수도 있지만 일본은행이 준비예금에 얼마간이라도 금리를 붙임으로써 '쭉정이 쌓기'에도 경제적 합리성을 부여할 수 있기 때문에 양적완화는 유지된다. 민간은행의 협력을 얻어 실질 제로금리와 양적완화를 양립시키는 고육지책으로 탄생한 것이 아주 작은 초과지준부리인 셈이다.

2001년부터 2006년까지 시행된 최초의 양적완화 때에는 초과지준부리라는 발상이 없었지만 그때의 준비예금 잔고는 약 35조엔에 불과했다. 2014년 말의 180조엔에 비해 작은 액수로 볼 수 있다.

초과지준부리 없이 달성 가능한 양적완화는 역시 35조엔이 한도였다고도 해석할 수 있다.

이른바 이차원 완화가 도입된 2013년 4월, 일본은행의 금융정책 목표는 공식적으로 '오버나이트 금리 유도'에서 '본원통화'라는 양적완화 지표로 바뀌었다. 그 시점에 당시의 금융계에는 초과지준부리를 낮춘다는 선택지는 없어졌다는 이해가 퍼졌다.

초과분은 '필요하다면 쓸 수 있는' 돈이지만 지금 쓰이고 있는 돈은 아니다. 과시 효과도 있으니 쌓아두는 것에 의의가 있다고 하는 수단이 목적이 되어버린 측면도 있다. '언제든지 쓸 수 있는 자금이 이만큼 있다'고 보여줄 순 있지만 사실 쌓여있는 상태는 장롱예금과 마찬가지로 사용되고 있지 않은 상태기도 하다.

초과지준부리의 협력금적인 성질을 두고 '은행에 대한 보조금이다'라는 설명도 있다. 은행 입장으로서는 본래 있어야 할 시장금리 수준이 (일본은행의 국채매입에 의해) 내려간 셈이므로 얼마 정도는 돌려주기를 바랄 것이다. 예컨대 5년물 국채 금리가 0.5%인 시장이라면 대출금리도 거기에 맞는 수준이 될 것이므로 초과지준부리는 불필요하다. 그러나 초과지준부리 없이는 양적완화를 달성할 수 없다. 양적완화가 경기회복을 위한 수단이 아니라 결과적으로 목적이 되어버린 탓에 생긴 왜곡인 것이다.

독일의 마이너스 금리와
엔 금리의 마이너스는 다르다

● ● ●

ECB나 SNB, DNB(덴마크 국립은행)는 이 초과지준부리를 마이너스로 했다. 초과지준부리가 마이너스가 되면 '목적으로서의 양적완화'보다는 '디플레이션 퇴치'라는 입장이 보다 뚜렷해진다. 다만 디플레이션 대책과 통화강세 억제책은 종이 한 장 차이기 때문에 대외정치상 그 부분은 미묘한 수사修辭로 구별되고 있다.

앞서 설명한 것처럼 초과지준부리는 금리체계 중에서 바닥 형성이라는 역할을 맡고 있다. 따라서 이론적으로는 반드시 초과지준부리 수준까지 시장금리가 저하될 필요는 없는 것이다. 초과지준부리보다 높은 수익을 얻을 수 있는 자산이 따로 있다면 하한은 제약조건이 되지 않는다. 초과지준부리는 원래 존재하지 않았다는 역사적 경위를 보더라도 정책금리 중에서도 비중이 낮은 존재였다. 그러나 현실적으로 유동성이 풍부하게 공급되는 가운데 보다 높은 수익을 내는 자산은 점차 희소해지고 있었다. 특히 무제한 환율개입을 통해 재무상태표를 확대해 가던 스위스 중앙은행의 경우, GDP 대비 70% 가까운 유동성이 공급되고 있었다. 그러한 상태에서는 하한 쪽이 상한보다도 훨씬 시장에 강한 영향을 준다는 것을 이 초과지준부리 인하가 보여줬다.

실제로 2014년 6월 ECB의 마이너스 금리 도입에 가장 빨리 반응해 금리가 마이너스로 돌아선 것은 독일의 3개월물 단기국채 금리였고, 이어서 2년물 국채 금리도 9월에 마이너스 영역에 들어 갔다. 5년물 국채 금리도 2015년 들어 마이너스 금리가 되더니, 2015년 4월에는 9년물까지의 독일 국채 금리가 모두 마이너스가 됐다(도표1-3).

2015년 1월말에는 덴마크의 노르디아 크레딧 은행이 마이너스 금리의 주택대출을 도입했다는 기사가 보도되었다. 그때까지는 중앙은행과 민간은행간의 준비예금금리 이야기였던 마이너스 금리의 범위가 개인거래에까지 미치게 된 것이다. 그에 대한 놀라움의

| 도표 1-3 | ECB가 마이너스 금리를 채용한 후 독일 국채 금리의 마이너스화

출처: 블룸버그

반응도 많았지만, 시중에 파급되지 않는 금융정책은 애초에 의미가 없다. 결국 민간은행은 중앙은행에 준비예금을 쌓으면 마이너스 0.5%(1월말 시점, 그 후 마이너스 0.75%로 인하) 금리가 부과되어 버린다. 그렇다면 주택대출을 받는 사람에게 마이너스 0.2%를 지불한다고 해도 차라리 이쪽의 손실이 적은 것이다.

이렇게 유동성이 풍부한 상태에서는 하한의 정책금리인 초과지준부리가 정책금리의 실질적인 주인공이 되어버린다. 초과지준부리가 마이너스가 되면 반 강제적으로 시장금리도 마이너스가 되어간다.

그러나 엔화의 경우 초과지준부리는 아직 0.1%로 플러스다.(역주―일본은행은 2016년 1월 29일 지급준비금에 -0.1%의 마이너스 금리를 적용했다.) 그럼에도 불구하고 2014년 9월에는 단기국채 금리가 마이너스가 됐다. 12월에는 2년물 국채 금리, 2015년 1월에는 일시적이긴 하나 5년물 국채 금리까지도 마이너스권에 돌입해 버렸다. 그 후 2년물 국채 금리가 마이너스 금리로 거래되는 빈도는 감소했지만 단기국채 금리는 거의 일관되게 마이너스 금리로 거래되고 있다.

이러한 엔화 금리의 마이너스화는 초과지준부리 바깥에서 설명되어야 할 것이다. 우선은 시장금리가 초과지준부리를 밑돌기 시작하는 과정부터 살펴보자.

정책금리까지 움직인
투자신탁의 운용난

• • •

만약 누구나 남는 자금을 일본은행에 맡기고 0.1%의 초과지준부리를 얻을 수 있다고 한다면 0.1%는 금리의 하한이 될 수 있다. 그러나 0.1%의 초과지준부리가 얻어지는 것은 예금준비제도 하에서 일본은행에 계좌가 있는 예금거래 금융기관 등에 국한되고, 이들은 '부리처'라 불린다. 한편 투자신탁 등 '비부리처'가 있다. 그중에서도 머니마켓펀드MMF라는 여유자금 운용을 목적으로 한 투신은 운용처를 단기자산에 한정시키고 있기 때문에 가장 운용난에 빠지기 쉽다. 자금이 대량으로 있으면 MMF는 0.1%를 밑도는 시장금리로라도 운용하지 않을 수 없는 경우가 왕왕 있다. 때문에 무담보 콜 시장에서는 0.1%의 하한이 무너지는 상황이 이미 2010년경부터 시작되었다(도표1-4).

2008년 일본은행의 금리인하 이후 0.1%로 설정되었던 유도 목표가 0~0.1%의 설정 범위로 변경된 것은 2010년 10월이었다. 이 결정은 80엔 가까이로 치솟았던 급속한 엔고 현상에 대응한 것으로, 다른 시책도 포함해 '포괄적인 금융완화 정책'이라 불렸다.

지금 설명한 것처럼 이미 이 시점에 MMF 등 비부리처의 운용난 때문에 실제 오버나이트 금리를 0.1%로 유도하는 것이 불가능해

초과지준부리를 밑돌기 시작한 엔화 오버나이트 금리

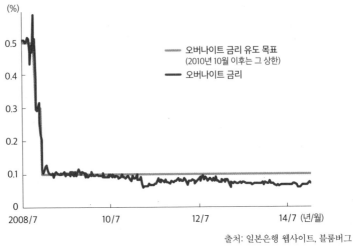

출처: 일본은행 웹사이트, 블룸버그

져 버렸다. 따라서 이 정책 변경은 유도 목표를 0~0.1%로 두고 아래 방향으로 움직일 수 있는 범위를 뒤늦게 나마 공식적으로 인정했다고 보면 타당할 것이다. 미디어는 '금리인하'라는 헤드라인으로 보도했지만 실질적으로 정책금리를 인하한 것은 투신의 운용난이라고 해도 좋지 않을까 싶다.

미국에서는 일본보다 빠른 2009년 초부터 시장금리가 초과지준부리를 밑돌기 시작했다. FRB는 리먼 사태 후인 2008년 12월에 정책금리의 유도 목표 자체를 0~0.25%의 범위로 인하했기 때문에 일본처럼 뒷북치는 모양새는 아니었다. 하지만 공통점은 있다. 비부리처의 운용난 때문에 유도 목표의 상한인 초과지준부리 0.25%가 시장금리로서 무의미해졌다는 점이다.

미국에서는 GSE라 불리는 정부지원 주택금융기관이 대량의 여유자금 운용 니즈를 갖고 있는데, 이곳이 비부리처였다. GSE가 페드펀드Fed Fund시장에서 주된 자금 출처가 됨으로써 실효 FF금리는 초과지준부리 수준의 0.25%보다도 낮게 고착화되어 버렸다(도표 1-5). 또 하나의 대표적인 비부리처인 미국 MMF는 투자처가 단기 자산에 한정되는 제약 때문에 FF시장에서 어쩔 수 없이 낮은 금리로 운용되어 왔다.

| 도표 1-5 | 미국에서 더 빨리 시작된 오버나이트 금리의 초과지준부리 하회

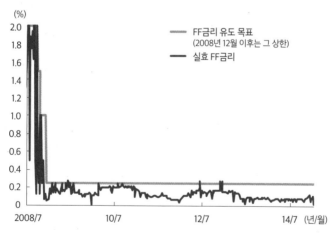

(주: 실효 FF금리는 유도 목표로서의 FF금리와 구별하기 위해 시장에서의 거래 FF금리를 가리킨다.)

출처: FRB 웹사이트, 블룸버그

투자신탁이 직접 중앙은행에 맡기고 초과지준부리를 얻을 수 없다고 해서 초과지준부리의 존재와 완전히 무관하다고는 할 수 없다. 투신이 은행에 예금하면 은행이 중앙은행에서 얻을 수 있는 초과지준부리를 간접적으로 누리는 것도 이론상으로는 가능하다. 그러나 그 효과는 한정적인 것 같다. 유동성이 풍부한 상황에서는 은행의 예금획득 의욕이 낮고, 초과지준부리의 혜택은 MMF까지 돌아가지 않는다.

운용처를 찾아
단기국채로 향한 MMF 자금

● ● ●

화제를 일본으로 돌리면, 단기국채 금리가 0% 이하로 내려가 마이너스가 되었던 2014년 9~10월경에도 무담보 콜 시장에서 오버나이트 금리는 0.06~0.07%였다. 0%에 비하면 상대적으로 높은 수준에서 머물고 있었던 것이다. 투신은 0%의 단기국채를 살 바에야 오버나이트 시장에서 운영하면 되는 것이 아니냐고 생각했을 법하다. 그러나 MMF의 규모를 생각하면 그리 간단한 문제가 아니다.

　MMF나 MRF로 대표되는 단기투신은 주식이나 리스크가 높은 자산을 구입하기까지의 일시적인 수납처 역할을 한다. 2013년 이후 주가상승 영향으로 예적금 등에서 주식시장으로 갈아탈 준비를 하는 개인자금 등이 유입된 결과 단기투신 잔고는 최근 1~2년 사이에 수조엔이 증가해 현재 규모는 10여조엔이다.

한편 무담보 콜 시장의 규모는 그렇게 크지 않다. 5조~8조엔 정도의 무담보 콜 시장 잔고 가운데 투신이 자금 출처가 될 수 있는 것은 3조엔 정도까지다. 때문에 MMF 운용은 단기국채 시장으로 향한다. 그러나 단기국채 시장은 일본은행의 이차원 완화로 인해 잔고의 16%에 상당하는 약 20조엔이 흡수되어 수급상황은 점점 쪼달리게 됐다. 따라서 초과지준부리를 얻지 못하는 MMF가 운용처를 찾아 초과지준부리 이하로라도 단기국채에 투자했던 상황은 쉽게 상상할 수 있다.

그래도 MMF의 매수만으로는 0%가 한도인 단기국채 금리를 마이너스로까지 끌어내릴 힘이 없다. 단기국채 시장에서 마이너스 금리가 발생한 원인을 규명하기 위해서는 시장을 더욱 다면적으로 관찰할 필요가 있다.

재정裁定이란?

'재정'은 금융에서 종종 등장하는 키워드이다. 이 장에서도 '중앙은행에 돈을 맡길 것인가, 아니면 밖에서 운용할 것인가'가 결정되는 과정을 '재정'이라고 표현했다. 금융 이외에도 '매사에 선악·가부可否를 판단해 모두가 납득할 만한 균형감을 바탕으로 결정한다'는 의미로 '노동쟁의를 재정한다'는 식으로 쓰인다.

조금 더 자세히 설명하면, 재정은 '본질적으로 같은 가치임에도 불구하고 한쪽이 고가, 다른 한쪽이 저가로 거래되고 있는 경우에 그 가격차를 메울 시장 참가자가 나와서 양쪽을 같은 가격으로 결정한다'는 뜻이다. 영어로는 아비트리지Arbitrage, 또는 패리티Parity라고 한다.

아비트리지와 패리티는 대국적으로는 같은 의미로, 모두 '재정'으로 번역되지만 약간 의미가 다르다. 우선 아비트리지부터 살펴보자.

예컨대 주택 대출로 돈을 빌릴 때에는 은행을 비교할 것이다. '돈을 빌린다'는 서비스에는 본질적인 차이가 없다. 따라서 A은행에서

50

빌릴 것인가, B은행에서 빌릴 것인가의 결정 기준은 기본적으로 금리 수준이 된다. 만일 A은행의 금리가 B은행보다 충분히 낮다면 누구나 A은행에 빌리러 갈 것이므로, A은행의 제시금리는 상승, B은행의 제시금리는 하락할 것이다. 조기상환의 편리 등 부대 서비스의 차이를 반영하는 분을 빼면 거의 A와 B, 두 은행이 제시하는 금리차는 일정 수준 내로 수렴하게 된다. 이러한 상황을 '재정이 작용한다'고 표현한다.

인터넷 보급으로 제품의 가격정보를 얻기 쉬워지면서 최근 인터넷으로 물건 되팔기가 종종 보도되고 있는데, 이것도 일종의 재정행위로 볼 수 있다.

이제는 인터넷을 통해서 개인이 물건을 살 뿐 아니라 파는 일도 비교적 쉬워졌다. 거리의 중고서점의 책 가격이 인터넷에서 파는 가격보다 수수료 등을 고려해도 충분히 싸다면 중고서점에서 사서 인터넷으로 팔아 차익을 챙기는 일이 가능하다. 이런 중고품 전매가 유행하고 있는 것이다.

이런 가격차가 있는 상태를 '재정기회가 존재한다'(아직 재정이 작용하지 않았다)고 한다. 그러한 사람이 많이 나타나면 양자의 가격차는 축소될 것이다. 이것을 '수렴'이라 한다.

그러나 인터넷에서의 중고가격은 매일 변하고, 또 매수자가 반드시 나타나지 않을지도 모르며, 판매 경쟁자가 나타날지도 모르는 법이다. 중고서점에서 구입해 재고로 끌어안아도 반드시 차익을 얻을 수 있다고는 할 수 없다. 그러한 리스크를 고려할 때, 가격차가 있어도 그다지 크지 않다면 재정은 이미 성립돼 있는 것으로 볼 수 있다.

이렇게 '아비트리지'란 리스크를 한정적으로 만든 다음 가격차를 이용한 수익기회를 없애가는 것을 말한다. 아비트리지가 성립되어 있지 않다면 적극적으로 가격차를 수익화하는 투자가가 나타나고, 결국 가격차가 없어져 수렴된다고 보는 논리다. 주식옵션이라는 파생상품은 그 재료인 주식이나 현금으로 만들 수 있지만 거기에 든 재료비만큼이 딱 옵션가격이 된다는 것이 '재정이론'이다.

또 하나의 재정인 '패리티'는 '평가'로 번역되는 경우도 있다. 유명한 것은 구매력평가PPP, Purchasing power parity로, 환율 수준은 각 통화에서 물가가 같아지도록 정해진다는 개념이다. 빅맥이나 스타벅스 커피 등 주요 도시에서 공통적으로 팔리는 대중적인 상품을 사용해 그들의 가격이 같아질 만한 환율을 시산해 실제 환율과 비교해보는 행위다.

하지만 가령 도쿄의 스타벅스 커피가 뉴욕보다 싸다고 스타벅스 커피를 도쿄에서 사서 뉴욕에서 파는 일은 현실적으로 없다. 따라서 일반적으로 재정되지 않은 경우에 적극적으로 재정거래가 행해져 가격이 수렴된다는 의미는 패리티보다 아비트리지라는 단어 쪽이 강하다.

'패리티'에는 '등가'라는 의미가 있어서 재정이 아니라 단순히 1대 1이라는 의미로 쓰이기도 한다. 예컨대 미국 달러와 호주 달러의 환율이 1 부근에 있을 때 '호주달러 환율이 패리티 부근'이라는 식의 표현이 사용된다.

03

돈도 원하는 사람이 적으면
'가격'이 떨어진다

빚과 금리를
반대쪽에서 보면

• • •

지금 엔화의 마이너스 금리 현상은 정책금리로도 투신 운용난으로도 설명할 수 없을 만큼 유례없이 특수한 금융정세의 산물처럼 보일지 모른다. 그러나 '마이너스 금리적'인 압력은 금융시장에서 과거에도 종종 발생했고, 그 메커니즘은 현재 엔화의 마이너스 금리를 이해하는 열쇠가 된다. 예컨대 다음과 같은 상황이다.

'금리란 무엇인가?'라는 질문에 종종 '돈의 가격' 또는 '돈을 빌릴 때의 차입료'라는 설명을 하곤 한다. 매우 적절한 표현이다. 그러나 돈을 빌릴 때는 담보를 제공하는 일이 많고, 전형적으로는 주택 대출이 그렇다. 돈을 빌려주는 사람은 만일 변제가 되지 않을 경우 담보를 처분함으로써 자금을 회수한다. 전당포도 그렇다. 소설에서는 전당포에 맡겨버린 아내의 소중한 기모노를 되찾기 위해 열심히 빚을 갚는 장면이 종종 나오곤 한다.

그러나 이런 상황은 돈을 빌려주는 사람 쪽이 돈을 빌리는 사람보다 우위에 있다는 것을 암묵적으로 전제한다. 예컨대 지인에게 돈을 그냥 빌리지는 못하고 소중한 기모노를 맡김으로써 빌릴 수 있었다고 가정하자. 겨우 돈을 갚을 수 있는 형편이 되어 돈을 갖고 지인을 찾아간 것까지는 좋았는데, 그 기모노에 얼룩이 묻어 있다거나 지인도 돈이 궁한 나머지 기모노를 팔아버렸을 리스크가 없다고 할 수 있을까. 또는 도난이나 화재로 기모노가 사라졌을 리스크는 없을까.

일반적인 상황에서는 돈을 빌려주는 입장 쪽이 압도적으로 '갑'이라는 전제가 성립된다. 그러나 담보를 제공하고 돈을 빌리는 사람은 빌려주는 사람과 사실 대등한 입장이다. 이 지인은 기모노를 맡고 있는 동안 자기 딸에게 중요한 행사가 있다면 그 기모노를 빌려 입을 수도 있을 것이다. 또는 타인에게 대여를 해주고 대여료를 챙길 수 있을지도 모른다. 따라서 이 두 사람의 관계는 사실 돈을 담보로 기모노를 빌리는 것과, 기모노를 담보로 돈을 빌린다고 하는 상대계약에 의한 대등한 관계라고 생각할 수 있다.

사실 금융시장에서도 이와 비슷한 돈과 금융상품의 대차가 항상 일어나고 있고, '레포Repo 거래(환매조건부채권매매)'라는 정식 명칭이 있다. '레포'라는 것은 'Repurchase(환매)'라는 뜻의 영어를 줄인 말이다. 돈을 빌릴 때는 일단 기모노를 상대방에게 팔았지만, 정해진 가격으로 미래에 되사들인다는 조건이 붙어있다는 의미다. 레포 가운데 가장 시장이 두터운 국채 레포를 예로 들어 설명하겠다.

채권과 돈을
서로 빌려주는 레포 거래

● ● ●

우선 국채를 사고자 하는 투자가는 원래 돈이 있는 경우가 아니라면 어딘가에서 자금조달을 해야 한다. 원래 돈을 가진 투자가란 구체적으로 펀드나 연금, 보험 등의 최종투자가(리얼머니라고도 불린다)다. 그 이외의 투자자는 딜러나 헤지펀드 등이 대표적이다. 이들은 사겠다고 결정한 시점에 비로소 돈을 조달한다. 가장 일반적인 자금조달 방법은 보유한 국채를 담보로 돈을 빌리는 것이다.

레포 계약의 흐름은 아래와 같다(도표1-6). 자금을 조달하는 쪽(이 예에서는 딜러)이 자금제공자와 레포 거래를 하는 설정이다. 현시점 (Day1)에서 딜러는 일정 기간 후에 미리 정해진 가격으로 되산다(환매한다)는 조건부로 국채를 매각하고 현금을 얻는다. 현금에 금리가 있는 것처럼 국채에도 차입료가 있다. 따라서 여기서 '정해진 가격' 이란 빌린 원본元本에 기간분의 금리와 국채 차입료의 차액을 합계 한 것이다. 딜러가 계약상 국채를 매각해도 정해진 가격으로의 환매조건부이므로 환매시에 그 국채의 가격이 올라가거나 내려갔다 면 딜러에게는 손익이 발생한다. 즉 어디까지나 담보로 내놓고 있 을 뿐이기 때문에, 그 국채를 보유함으로써 생기는 경제적 리스크 는 줄곧 부담하고 있는 것이다.

| 도표 1-6 | 레포 거래의 흐름

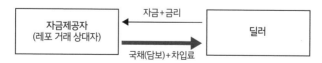

계약이 끝나 국채를 환매할 때 원본에 대해 금리를 지불하는데, 자금제공자로부터는 국채의 차입료를 받을 수 있다(Day2). 계속해서 국채를 보유하고 싶다면 다시 한번 레포 거래를 갱신('롤'이라고 한다)하면 된다. 레포 계약은 법적인 측면에서 몇 가지 종류로 나누어지지만, 경제적인 측면에서 보면 이러한 설명으로도 괜찮다.

도표1-6에서의 자금제공자는 국채를 담보로 취하고 돈을 빌려주고 있는 셈인데, 한편으로 그 자금제공자는 현금을 담보로 국채를 빌리고 있다고 설명할 수 있다. 이 상태를 '리버스Reverse 레포(역환매조건부채권)'라고 한다. 뒤집어도 입을 수 있는 옷을 '리버시블'이라고 하는데 바로 그 '리버스'다. 돈을 빌리는 사람에게는 레포, 채권을 빌리는 사람에게는 리버스 레포라는 거래가 된다. 물론 딜러가 리버스 레포를 하는 경우도 있다. 실제 거래에서는 레포 금리라는 하나의 수치밖에 없고, 일단 '금리'라는 이름이 붙어 있다. 그러나 그 내용은 현금의 차입료인 금리와 국채 차입료의 차가 된다.

차입료가 금리보다
높아지면

• • •

국채의 차입료가 금리를 상회할 수도 있다. 따라서 차입료가 높으

차입료가 금리보다 높으면 레포 금리는 마이너스가 된다

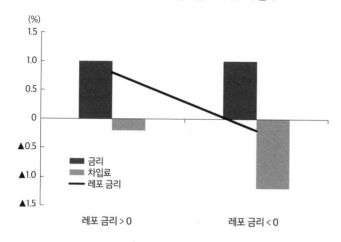

면 외관상 마이너스 금리라는 것도 충분히 있을 수 있다(도표1-7). 특히 애초에 금리가 낮으면 레포 금리가 더욱 마이너스가 되기 쉬워진다. 금리란 본래 혼자서는 마이너스가 되지 않는 법이다. 하지만 실제로는 다른 비용과 엮이기 때문에 결과적으로 마이너스가 될 수 있다. 이러한 메커니즘은 뒤에서 설명할 달러 금리와 엔화 금리의 관계에서 마이너스 금리가 발생하는 과정과도 비슷하다.

또 한 가지 마이너스 금리라 부를 수 있는 예가 주식시장에도 있다. 그것은 주식 신용거래에서의 '역일변逆日邊'이다. 주식을 신용매도하면(공매도, 쇼트 포지션이라고도 한다), 주식을 빌려와서 당면한 결제를 하지 않으면 안된다. 통상적으로는 주식을 공매도하면 그 매각대금을 운용해서 모종의 금리가 얻어지게 된다(=일변). 그러나 그 주식의 차입료가 매각대금의 운용에서 얻어지는 금리를 웃도는 경우, 신용매도를 한 사람이 순전히 비용을 부담해야만 할 때 역일변이 발생한다. 주식을 빌리기 어려워 차입료가 상승하는 상황은, 주식을 보유한 사람이 기말이라는 등의 이유로 장부에서 움직이고 싶지 않은 경우나 주식을 빌리려는 사람이 증가한 경우에 발생하기 쉽다. 이러한 면을 감안하면 마이너스 금리란 것이 사실 그렇게 불가능한 상태도 아니라고 할 수 있다.

참고로 '쇼트 포지션'이라는 것은 영어로 '부족하다'는 뜻으로 '없는 것을 판다'는 공매도를 의미한다. 반대로 사는 것을 '롱 포지션'이라고 한다. 원래는 '쇼트'라는 말이 먼저 있었고, 그 반대의 경우를 '롱'으로 쓰기 시작한 것 아닐까 싶다.

차입료가 비싸지는
특별한 이유

● ● ●

그렇다면 왜 차입료를 지불하면서까지 국채를 빌리려는 것일까? 이것은 상당히 근본적인 질문이다. 기모노라면 '입는다'는 실익이 있지만, 국채를 빌려서 무엇을 할까?

빌리는 첫 번째 이유로 역일변을 부담하더라도 주식을 공매도

하고 싶은 사람처럼 국채를 공매도하고 싶은 경우가 있다. 즉 장차 가격이 하락할 것으로 예상하고 있는 경우를 생각할 수 있다. 앞으로 금리가 상승한다고 생각하는 '투기적 동기'다. 그러나 그런 전망이 전혀 없는 경우에도 딜러에게는 '시장조성Market Make'이라는 사명 때문에 국채를 공매도하지 않으면 안 되는 경우가 종종 있다.

'시장조성'이란 글자 그대로 시장을 만드는 사명이다. '시장조성'을 하는 입장에서는 시장에서 팔고 싶은 사람에 대해 자기의 포지션으로서 매수하고, 사고자 하는 사람에 대해서는 판다고 하는 쌍방향 매매수요를 충족시켜야 한다. 제시되는 매도와 매수의 가격차는 시장조성자Market Maker가 제공해 주는 유동성에 대한 대가이다.

채권의 시장조성자는 투자가에게 '매도매수 주문은 받을 수 없습니다'라고 말할 수 없다. 물론 고객에게 팔기가 어려우면 그만큼 제시가격을 올리거나, 또는 고객에게서 사기가 어려우면 제시가격을 낮출 수는 있지만 '가격을 매길 수 없다'고 말할 수는 없다.

시장조성자는 투자가의 매수 수요에 대비해 일정액의 채권을 재고로 보유하고 있다. 그러나 같은 국채라도 만기나 이율이 다른 종목이 수없이 많고, 투자가가 사려는 종목을 반드시 재고로 보유하고 있는 것은 아니다. 또한 보유하고 있더라도 투자가가 사려는 액수에 못 미치는 경우도 있다. 그런 경우에도 시장조성자는 투자가의 매수 수요에 응해야 하므로, 시장에서 그 부족한 종목을 빌려와야 하는 사태가 발생한다. 이것은 금리전망에 근거하는 것이 아니라 유동성을 공급한 결과 발생하는 수동적 쇼트 포지션이다.

주식시장에서는 '공매도 규제'가 존재한다. 예컨대 공매도할 경우는 직전의 공표가격 이하로 발주해서는 안 된다, 공매도 잔고가 일정 규모 이상일 경우에는 보고한다는 등의 규제를 통해 공매도 억제기능을 하고 있다. 일반적으로 주식 공매도는 '주가를 붕괴시키는 괘씸한 행위'라는 시선이 있고, 그래서 규제를 하기도 한다. 그러나 채권시장에서 공매도 규제를 도입한다면 투자가가 딜러에게서 채권을 사기가 급속히 어려워진다. 시장 유동성은 그 순간부터 고갈돼 걷잡을 수 없는 사태가 일어나게 된다.

일본국채는 발행연한별로 10년물, 5년물 등으로 그룹화된 후 일련번호가 매겨져 있다. 이를테면 10년물 335회채, 5년물 120회채 등으로 불린다. 10년물 335회채는 2024년 9월 만기로 이율(쿠폰)이 0.5%인 국채인데, 시장조성자가 이 채권을 투자가에게 매각하는 경우 결제는 어디까지나 335회채를 가지고 해야만 한다. 우연히 재고로 334회채를 갖고 있으니 그것을 넘기고 싶다고 해도 불가능하다. 따라서 시장조성자는 시간차로 335회채를 환매할 전망으로 보유하고 있지 않은 335회채를 팔고, 어딘가로부터 환매할 방법을 생각한다. 달리 말하자면 335회채를 팔고 싶은 투자가를 찾아와도 되고, 또는 딜러간의 시장(도매시장 따위)에서 환매해도 된다. 딜러 간의 시장이 두터우면 환매는 쉽다. 환매하는 것을 업계용어로 '(쇼트를) 커버한다'고 한다.

시장조성자가 환매할 수 있다는 전망으로 투자가의 매수 수요에 응했는데 막상 커버하려고 할 때 실제로 그 채권을 환매할 수 없는 사태도 때때로 발생한다. 종래에 차입료가 비싸지는 이유는 모종의 특수사정으로 인해 특정 종목이 부족해져버린 경우가 많았다. 또 일시적인 현상인 경우가 많았다. 그러나 2013년 일본은행의 양적완화 확대 이후, 시장에서 유통되는 채권의 양이 급격히 줄어든 탓에 차입료 상승이 빈발하게 됐다. 비싼 차입료는 역일변과 마찬가지로 마이너스 금리를 초래한다. 애초에 금리가 낮으면 더 잦은 빈도로 이런 사태가 발생하기 쉬워진다.

앞서 들었던 기모노의 예로 말하면, 기모노를 빌리려는 사람의 수요 쪽이 기모노를 담보로 돈을 빌리려는 사람의 수요를 웃돌고 있는 상태다. 요컨대 기모노의 대여료 쪽이 금리보다 비싸져 버린 셈이다. 희소하고 스페셜한 기모노라면 있을 수 있는 일이다. 국채도 다른 종목보다 희소성이 두드러져 차입료가 비싸져 버린 종목을 '스페셜'이라고 한다.

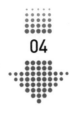

일본의 신용리스크는
달러를 빌릴 때 시험대에 오른다

일본기업의 해외 비즈니스는
점점 커지고 있다

● ● ●

일본의 기업이 해외 비즈니스에서 얻는 수익은 점점 증가하고 있
다. 이는 1980년대 이후 일시적인 후퇴시기를 제외하면 일관된 흐
름이다. 1985년의 플라자합의로 시작된 엔고 흐름은 해외 비즈니
스가 확대되는 계기를 만들었다. 자동차 등 제조업에서 그때까지
의 수출 중심 비즈니스 모델에서 해외 현지생산으로 비중이 옮겨

졌다.

일단 해외에 나가고 나면 약간의 엔저 현상 정도로 국내로 되돌아오기에는 고정비가 너무 많이 든다. 2012년 이후 달러-엔 환율은 80엔에서 120엔으로 무려 50% 엔저가 되었다. '약간의'라고는 할 수 없지만 그래도 기업을 국내로 복귀시킬 만한 수준은 아니다. 일본 내 임금수준은 엔저가 되도 아직 한참 비싸고, 인력부족도 심각하기 때문에 일본에 제조거점을 복귀해봤자 가동할 수 없는 것이다. 해외시장 쪽이 고성장 추세인 데다가 해외에서의 비즈니스 노하우가 국내에서도 도움이 되는 등의 이유로 해외사업은 점점 중요해져 가고 있다.

제조업뿐만 아니라 유통과 은행, 보험 등도 해외사업 확대가 두드러지는 추세다. 일본국제협력은행JBIC의 설문조사에 따르면 제조업의 해외매출고 비율은 2000년대 초의 20%대에서 2014년에는 40% 부근까지 상승하고 있다. 메가 뱅크 등으로 대표되는 은행 부문도 해외수익비율이 2010년경까지는 20% 정도였지만, 현재는 30~40% 부근까지 상승해 있다. 은행 부문의 해외사업은 달러로 자금을 조달해 달러로 융자하는 비즈니스 형태를 취하기 때문에 환율 자체의 영향은 제조업과 비교하면 적다. 환율보다 해외시장의 비즈니스 기회가 크다는 것이 일본기업이 해외로 향하는 동기가 되고 있다.

기축통화인
달러가 필요한 이유

• • •

해외에서 비즈니스를 하기 위해 필요한 것은 엔이 아니라 달러다. 국가의 신용으로 발행되는 국가(중앙은행)의 통화는 미래적으로 가치가 유지된다고 보는 사람들의 합의가 있기 때문에 재화나 서비스의 대가로 받아들여진다. '믿음을 전제로 한다'는 점에서 통화를 '궁극의 (꺼지지 않는) 버블'이라고 표현하는 사람도 있을 정도다. 달러는 제2차 세계대전 말기인 1944년에 시행된 브레튼우즈 회의 이후 기축통화가 됐다. 즉, '가장 신용받는 돈'으로서 국제거래의 중심이 된 것이다. 따라서 달러 자금조달은 국제 비즈니스의 기본이며 가장 중요한 요건이라고 할 수 있다. 일본의 은행들은 일본 산업 전체의 창구이자 대표격으로 달러 조달을 하는 입장이다.

달러 자금을 향한 수요는 금융거래에서 담보수요의 증가와도 밀접한 관계에 있다. 리먼 사태 이후 금융거래에서 신용리스크 부담을 줄이기 위해 담보가 필수가 되었다. 담보 통화로서도 달러가 중요해진 것이다.

금융거래는 평면적으로 말하면 돈을 빌리고 빌려주는 거래인데, 그 형태는 지극히 다채롭다. 단순한 융자라면 돈을 빌려주는 쪽이 빌리는 쪽의 신용리스크를 일방향으로 떠안게 되기 때문에 담보를 잡히는 것은 돈을 빌리는 쪽이다. 그러나 스왑Swqps 등의 파생상품 거래에서는 시세의 수준에 따라 거래 당사자 모두가 상대의 신용리스크를 떠안게 되는 일이 발생한다. 다시 말해 서로 상대방의 신용리스크를 맞잡는 모양새가 된다. 앞에서 소개한 레포 거래에서도 마찬가지다. 그러한 거래에서 담보는 일방적으로 잡히는 것이 아니라 서로 주고받는 것이 된다.

특히 최근에는 신용리스크 관리를 엄중히 하기 위해 미래적으로 담보가 요구될 법한 경우에 대비해 미리 담보를 설정하는 2중 쿠션이 일반화되고 있다. 때문에 담보로서 달러 수요가 증가하는 구조 변화도 보이고 있다.

국제적인 신용리스크는
달러 조달 비용으로 측정된다

• • •

일본인이 달러를 빌리는 경우와 엔화를 빌리는 경우는 근본적으로 차이점이 있다. 엔화를 빌리는 경우에는 최종적으로 국가가 엔화를 '찍어내서' 돌려주면 되기 때문이다. 그러나 엔화 가치가 떨어져 있으면 가령 원래의 엔화 금리가 아무리 높다고 해도 실질적인 금리가 덩달아 떨어져 버린다.

따라서 돈을 빌려주는 쪽은 떨어지기 어려운 통화, 즉 달러로 빌려주고 싶은 것이 속마음이다. 지금은 브라질 레알화 표시 등 신흥국 고금리통화의 국채가 발행되고 있지만, 이것은 '어느 정도 금리가 높으면 브라질 레알화의 리스크를 부담해도 좋다'고 생각하는 투자가가 나왔기 때문에 가능한 것이다. 금리가 높아도 통화의 리스크를 부담하려 하지 않던 1990년대에는 신흥국의 자금조달 대부분이 달러 표시로 이루어졌다.

일본인이 일본인에게 엔화를 빌리는 경우는 일종의 내수거래 가격과 같은 것으로, 진짜 리스크를 반영하고 있다고 볼 수 없다. '일본의 경제나 금융 시스템이 어느 정도 안정적으로 기능을 계속하고 있다'는 암묵적 전제가 있다. '혹시 일본에 무슨 일이 발생했을 때는 피차일반'이라며 리스크 프리미엄을 상호 압축해 허용하는 부분이 있다. 따라서 일본인의 진짜 신용리스크 프리미엄은 글로벌 금융시장에서 일본인이 달러를 빌릴 때의 코스트로 측정해야 한다.

국채시장에는 확실히 해외 투자가의 자금도 들어 있지만, 실제로 해외 투자가가 순수하게 엔화 자산에 투자하고 있는 시장이라고는 할 수 없다. 그것은 해외 투자가가 투자하고 있는 일본국채의 적지 않은 부분이 앞으로 설명할 마이너스 금리로 조달한 엔화로 충당되고 있기 때문이다.

정부는 엔화 표시로 국채를 발행해 달러 빚을 내는 짓은 거의 하지 않는다. 따라서 달러를 빌리는 민간은 컨트리 리스크^{country risk}를 부담하고 시장에 나가지 않으면 안된다. 사실 이 달러 조달 프리미엄이 엔화 마이너스 금리의 중요한 요인이 되고 있다는 점은 별로 알려져 있지 않다.

05

달러를 빌리기 위해
엔화를 깎아줄 수밖에 없다

엔화 부채가 있는 일본기업은
달러를 사기보다 빌린다

• • •

은행을 필두로 한 자국기업이 달러를 입수하려는 경우, 달러를 살 것인가 빌릴 것인가 하는 두 가지 방법이 있다. 별로 차이가 없어 보일지 모르지만 이 두 선택지의 경제적 의미는 전혀 다르다.

우선 달러를 샀다고 치면, 은행은 그 달러로 국제 비스니스를 한다. 구체적으로는 융자 등의 형태로 자산을 사게 된다. 한편으로는 재무상태표의 부채 쪽에 엔화 예금을 갖고 있다. 자본도 엔화 표시다. 달러를 (엔화로) 사버리면 재무상태표의 자산과 부채의 통화가 달라서 환 리스크를 그대로 지게 된다. 환율은 연간 10% 이상 쉽게 움직이기 때문에 그러한 리스크를 질 수는 없는 일이다. 가령 장기적인 달러 강세 전망이 있더라도 어디까지나 전망일 뿐 반드시 실현된다고는 볼 수 없고, 단기적으로 시장이 역방향으로 움직이는 일도 충분히 가능하다. 이에 비해 달러를 빌렸다고 하면, 달러의 부채를 갖게 된다. 빌린 달러로 달러 자산을 구매함으로써 환 리스크는 손익에 대한 분만큼으로 한정되는 것이다.

은행이 엔화 예금을 보유하지 않을 수는 없다. 따라서 환 리스크의 회피라는 관점에서, 달러 자산에 투자하기 위해서는 달러를 사는 게 아니라 빌려야 하는 것이다.

달러를 빌리기 위해 엔화를 빌려준다

● ● ●

그러면 달러를 어떻게 빌려 올까? 달러권에 현지법인이나 지점이 있으면 그 달러 예금을 사용하는 일도 어느 정도는 가능하다. 그러나 그것만으로는 부족하다. 달러 조달을 위해 활용되고 있는 수법은 대량 보유하고 있는 엔화를 빌려주고 달러를 빌려 오는 '상호차입'이다. 그냥 달러를 빌리는 것보다 '상호차입'을 하는 편이 서로 적은 리스크로 거래가 가능하다.

상호차입의 경우 나중에 상호변제까지 해야 하므로 환시장에서 '바이셀Buy-Sell'로 불리는 거래를 한다. 달러를 조달하려는 일본 은행들은 우선 '스팟'이라 불리는 현시점에서 달러를 사고 엔화를 판다. 동시에 '포워드'로 불리는 미래 시점에서 원본을 금리 포함해 상호변제할 약속을 한다.

이때 엔화는 대량 보유하고 있지만 달러가 좀처럼 입수되지 않으면, 엔화를 빌려줄 때의 금리를 확 낮춰도 좋으니 달러를 빌리고 싶다고 생각하게 된다. 이럴 경우 '상호차입'이라고는 하지만 엔화를 빌려준다기보다는 경제적으로 담보로 잡히는 것 같은 처지에 놓이게 된다.

따라서 이런 거래에서 엔화 금리는 엔화 시장 내에서 거래되고 있는 수준보다 상당히 낮게 책정되기 쉽다. 요컨대 엔화 금리를 깎아주게 되는 것이다.

역으로 말하면 엔화를 빌려주고 달러를 빌릴 때 달러의 차입료가 상대적으로 비싸게 매겨져 있다는 점에서 '달러 조달 프리미엄'이 붙어 있다고도 표현할 수 있다. '달러 조달 프리미엄'은 이 할인폭(엔을 단독으로 빌릴 때의 엔화 금리와 상호차입시의 금리의 차)을 가리킨다.

엔화를 대량 보유한 상황은 2013년 일본은행이 이차원 완화를 도입한 후 '본원통화를 2년 동안 2배로 늘린다'는 유동성 확대 정책 하에서 가속적으로 진행되었다. 한편 FRB는 '테이퍼링tapering'이라 불리는 양적완화를 축소하는 정책으로 전환했다. 이러한 유동성 공급에 관한 정책의 차이는 달러 조달 프리미엄의 급격한 확대로 이어졌다. 그 이전인 2010~12년에는 FRB도 상당한 양적완화를 실시하고 있었기에 달러 유동성은 증가하고 있었고, 상대적인 의미에서 달러 부족도 현재보다 경미한 정도였다.

달러 조달 프리미엄이 발생하고 있는 가운데 엔화를 빌려주고 달러를 빌리는 '상호차입'을 하게 되면 실제로 은행들이 어느 정도의 금리로 엔화를 빌려주고 달러를 빌려오게 되는지 살펴보자.

이차원 완화가 시작된 2013년 4월, 리보라 불리는 대표적인 은행간 금리로 엔화 금리는 0.15% 정도인 한편 달러 조달 프리미엄은 3개월 만기로 0.1% 정도였다. 엔화를 빌려주는 일본 은행들이 수취하는 엔화 금리는 0.15%-0.1%=0.05%가 된다.

달러 조달 프리미엄은 2014년 6월경부터 조금씩 확대되어 9월에는 0.3%가 됐다. 리보 쪽은 점점 하락을 계속해 그 무렵 0.1%가 되어 있었다. 즉, 상호차입시 엔화 금리는 0.1%-0.3%=-0.2%가 된다. 은행이 '빌려준 엔화 자금에 대해 마이너스 0.2%의 금리를 취한다'는 것은 즉, '빌려준 엔화 자금에 대해 플러스 0.2%의 금리를 지불한다'는 뜻이 된다. 해외투자가의 입장에서 말하면 '빌린 엔화 자금에 대해 플러스 0.2%의 금리를 취하는' 셈이 된다. 돈을 빌렸는데 되려 금리를 받고 있는 상태가 된 것이다.

이때 엔화 금리는 단독으로는 마이너스가 되지 않는다. 그러나 달러 자금과 상호차입이라는 거래를 함으로써 엔화 금리가 실질적으로 마이너스가 되버리는 것이다(도표1-8).

사실 이 거래관계는 앞서 나왔던 레포 거래나 기모노 대여와 빚이 역전된 사례와 통하는 면이 있다. 국채의 차입료나 대여료 쪽이 금리보다 높아질 만한 스페셜한 종목의 국채나 기모노가 있을 경우 결국 금리는 마이너스가 된다. 이와 마찬가지로 엔화에 대해 달러는 스페셜한 것이다.

달러를 가진 사람에게
유리한 투자 기회

● ● ●

달러 자금 조달에 프리미엄이 붙는다는 것은 역으로 달러 자금을 이미 갖고 있는 투자가 입장에서 보면 수익기회가 된다. 우선 달러를 빌려주면 엔화를 시장보다 상당히 낮은 금리로 빌릴 수 있기 때문이다. 그러나 달러를 빌려줌으로써 엔화를 마이너스 0.2%로 조

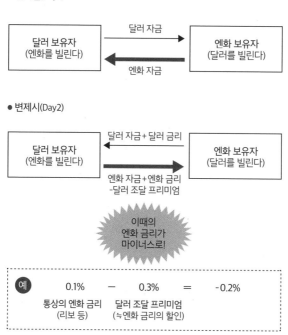

| 도표 1-8 | 달러 조달 프리미엄 때문에 엔화 금리는 실질적으로 마이너스가 된다

● 현시점(Day1)

달러 보유자
(엔화를 빌린다)
→ 달러 자금
← 엔화 자금
엔화 보유자
(달러를 빌린다)

● 변제시(Day2)

달러 보유자
(엔화를 빌린다)
← 달러 자금 + 달러 금리
→ 엔화 자금 + 엔화 금리
  - 달러 조달 프리미엄
엔화 보유자
(달러를 빌린다)

이때의
엔화 금리가
마이너스로!

예   0.1% − 0.3% = -0.2%
    통상의 엔화 금리   달러 조달 프리미엄
    (리보 등)   (≒엔화 금리의 할인)

달 가능하다면 마이너스 0.05%짜리 엔화 단기국채에 투자해도 이
자 마진을 얻을 수 있게 된다. 그러한 투자가가 마이너스 금리로
조달한 엔화로 엔화 자산을 실제로 구입하기 시작하자 2014년 9월
과 같은 엔화 금리의 마이너스화가 가시적인 형태로 발생하게 되
었다. 이것이야말로 '엔화 마이너스 금리'의 원조라고 할 수 있다.

달러 조달 프리미엄이 0.2%라고 하면 일반적인 감각으로는 '고작 0.2%인가'라는 인상을 받을지도 모르지만 금융관계자 입장에서 보면 '0.2%씩이나'라는 느낌이다. 10년물 일본국채의 금리가 0.4%밖에 안 되는 것과 비교해도 상당히 크다는 것을 알 수 있다.

이러한 환율 선물 시장에서의 달러 조달 프리미엄은 사실 1990년대 후반부터 존재했다. 다만 과거에는 엔화 단기금리가 지금처럼 낮지는 않았기 때문에 0.2%의 달러 조달 프리미엄이 존재해도 엔화 금리가 마이너스까지는 되지 않았던 것이다.

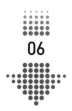

06

마이너스 금리가
마이너스 금리를 부른다
─ 국채의 상품화

**보유수익이 없으면
매매차익으로 번다**

● ● ●

앞에서 설명한 것과 같은 해외 투자가는 일본국채의 금리가 표면
적으로 마이너스라도 차익을 확보할 수 있기 때문에 일본국채를
구입하고 있다. 적어도 가격을 고려한 구입이며, 차익이 두터울수
록 많이 구입한다고 하는 가격에 대한 민감성을 가진 투자자다. 한
편 가격에 대한 민감성이 한정적인 매수자도 있다. 국채 등의 자산

에 대해 매입 조작을 하고 있는 일본은행이 그런 경우다.

양적완화의 중핵을 이루는 일본은행이 국채 매입 조작에 나서는 상황에서 가격이 비싸다고 구입액을 줄일 리 만무하다. 정해진 액수를 정해진 빈도로 담담히 구입한다. 적어도 지금까지는 마이너스 금리를 이유로 매입 조작이 예고 없이 중지된 일은 없었다. 단기국채(제로쿠폰본드)의 경우는 구입액이 사전에 공표되고 있지 않지만 이표채의 매입액은 전월말에 발표되며, 조작 스케줄도 대강 정해져 있다.

2년물 국채 등의 금리가 마이너스가 되어 버리는 한편, 국채를 담보로 자금을 조달할 때의 금리(레포 금리, 자금 금리와 국채 차입료와의 차)는 0.05~0.1%라는 수준에서 오히려 높게 유지되는 국면도 종종 나왔다. 이는 앞에서 다룬 국채의 차입료가 비싸짐에 따른 레포 금리의 마이너스화와는 반대의 현상이긴 하다. 그러나 실제로는 국채 전체가 희소해짐에 따라 어쩔 수 없이 비싼 차입료를 지불하면서 공매도를 해야 할 정도라면 처음부터 비싼 조달 코스트를 지불하더라도 재고로 확보해 둔다고 하는 사고방식도 나오기 때문이다. 그러나 국채를 보유하고만 있는다면 국채 수익률보다 조달 비용이 높기 때문에, 손실이 축적되는 것을 어떻게든 메우지 않으면 경제활동의 의미가 없게 된다.

투자수익은 보유수익과 매매차익의 두 가지 요소로 성립된다. 보유수익은 금리나 배당에서 자금조달 비용을 차감한 현금흐름^{Cash flow}에서 얻어지는 수익이다. 이에 대하여 매매차익은 가격차에서 얻어지는 수익이다. 전통적으로 금리가 플러스인 세계에서는 보유수익은 기본적으로 플러스지만 매매차익은 시세 나름이다. 가격이 내려가면 물론 손실이 발생한다.

국채 금리가 마이너스라면 보유수익은 기본적으로 마이너스다. 그렇다면 국채를 투자대상으로 갖기 위해서는 보유수익을 상쇄할 만큼의 매매차익을 확보하지 않으면 안 되게 된다. 가격에 따라 구입량이 변하는 것이 아닌 일본은행의 정기적인 매입 조작은 마이너스 금리로 국채를 구입하더라도 다시 마이너스의 금리(채권가격은 상승)로 국채를 팔면 수익이 얻어지는 환경을 보조해온 것이라고도 할 수 있다. 바꿔 말하면 마이너스 금리가 마이너스 금리를 부르는 악순환이 된다는 말이다.

상품과 국채의
성격이 닮아간다

● ● ●

이렇게 보유수익은 마이너스지만 매매차익으로 전체적인 플러스 수익을 노린다는 것은 잘 생각하면 상품(커머디티)거래적인 전략이다. 즉 국채라는 자산이 상품과 닮은 성격(=프로파일)을 띠게 됐다고 할 수 있다. 상품은 투자대상 자산을 '클래스 분류'한 것 중의 하나다.

자산(애셋) 클래스 분류는 우선 주식과 채권·대출 등 금융자산과 부동산과 상품 등의 실물자산이라는 구분법이 있다. 이를 또다시 통화별로 분류하는 일도 많다. 물론 애셋 클래스의 분류는 엄밀한 것이 아니라 중간적인 것도 존재한다. 이를테면 담보 대출의 경우는 실물자산과 금융자산 양쪽의 성격을 갖는다.

실물자산인 상품자산의 특징 중 하나는 '가치보존 코스트가 있기 때문에 보유수익은 마이너스'라는 것이다. 예컨대 곡물이나 원유 등은 저장시설이 없으면 보존할 수 없다. 물론 같은 실물자산인 부동산의 경우도 수리비용이나 고정자산세 등은 상품과 마찬가지로 가치보존 코스트이지만, 통상적으로 집세 쪽이 크기 때문에 보유수익은 통상 플러스가 된다(도표1-9). 가치보존 코스트까지 지불하면서 실물자산을 보유하는 것은 '갖고 있으면 바로 쓸 수 있다'는 보유 자체에 가치가 있는 경우로, 이는 '편의수익Convenience Yield'이라 불린다. 그러나 투자대상인 이상 모종의 수익을 낳을 것으로 기대되는 법이므로, 보유수익이 마이너스라면 매매차익을 노릴 수밖에 없다.

보유수익이 없어도 매매차익을 노린다는 것은 살짝 오해를 무릅

| 도표 1-9 | **자산(애셋) 클래스 분류**

자산 클래스명	타입	보유수익의 내용		
주식	금융자산	배당		통상 플러스
채권		금리	신용 스프레드	
대출				
부동산	실물자산	집세		
상품		가치보존 비용		통상 마이너스

금리가 마이너스가 되면 보유수익은 마이너스라도 좋다?

쓰고 말한다면 투자라기보다는 투기적인 측면이 나온다. '투기'라고 하면 부정적으로 들릴지도 모른다. 그러나 상품거래의 교과서에서 거듭 역설되듯이 만일 투기자가 없다면 실수요자의 리스크 헤지 요구에도 응할 수 없다. 투기자가 리스크를 부담하는 대가로서 매매차익을 인정받는 것이 돌고돌아 실수요자의 리스크 헤지에 이익이 되기도 하기 때문에, 투기 자체를 부정적으로 표현하고 싶지는 않다. 다만 매사에 과유불급인 만큼, 투기가 실수요에 비해 지나치게 비중이 커지면 확실히 문제가 발생한다. 마이너스 금리는 국채거래를 투자에서 투기로 바꿔 버릴 수 있다.

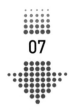

이차원 금융과 재정완화가
돈의 값어치를 떨어뜨린다

이차원 '질적완화'의
진짜 의미

• • •

유동성이 아무리 풍부해도 통화가 엔화 밖에 없다면, 유럽처럼 강제적으로 정책금리를 마이너스로 하지 않고서는 마이너스 금리가 발생하지 않을 가능성이 높다. 그러나 달러라는 스페셜 통화에 대한 자금조달 수요가 있기 때문에 남아도는 엔화의 금리가 실질적으로 마이너스가 될 수 있는 메커니즘이 현실화되었다. 사실 이것은 엔화에 국한한 문제는 아니다. 유로나 스위스 프랑도 같은 사태가 벌어지고 있다. 유로나 스위스 프랑을 써서 달러를 조달할 때에는 엔화의 경우와 마찬가지로 프리미엄이 붙는다. 다만 유로나 스위스 프랑은 정책금리의 영향도 크기 때문에 마이너스 금리의 요인을 엄밀히는 구별할 수 없다.

'남아돈다'는 상황을 이해하기 쉬운 비유가 몇 가지 있다. 예를 들면 폐점 직전의 수퍼마켓에서는 신선식품을 대폭으로 할인해 주고 있다. 매입 가격 이하로 가격이 떨어질 때도 있을 것이다. 그러나 버릴 바에야 매입 가격 이하라도 팔아버리는 편이 낫다. 아니면 초저가 항공권을 생각해도 좋을지 모른다. 항공사로서는 본래의 손익분기점이 1승객 당 5만엔이라고 할 때, 마지막까지 팔리지 않는 경우에는 단돈 2만엔만 받더라도 공기를 운반하는 것보다는 낫다. 그런 사정에서 공석이 초저가 항공권으로 나오는 경우가 있다.

그렇게 생각하면 엔을 마이너스 금리로 운용해도 좋으니 달러를 조달하고자 하는 상황이 그다지 비현실적인 일은 아닐 것이다. 엔화의 유동성은 팔다 남은 신선식품이나 항공권처럼 시간이 흐르면 폐기되거나 상품 자체가 없어지는 것은 아니기 때문에 사실 더욱 성가신 문제가 되고 있다.

일본은행의 양적완화는 유동성 증가를 일으켰는데, 특히 2013년 4월의 구로다 총재 취임 이후 '양적'만으로는 부족해 또다시 '질

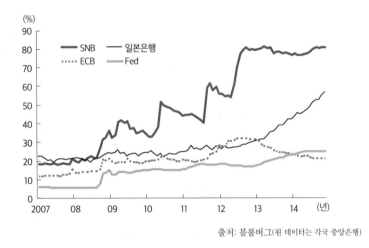

출처: 블룸버그(원 데이터는 각국 중앙은행)

적'이라는 수식어가 붙는 대담한 양적완화가 시작됐다. 양적완화의 크기는 중앙은행 재무상태표의 대對GDP 비율로 비교할 수 있다. 일본은행의 양적완화 규모는 SNB(스위스 중앙은행) 다음으로 돌출되어 있다(도표1-10). 하지만 도표에서 보는 것처럼 SNB의 재무상태표는 2013년 이후 대략 보합상태로 추이하고 있고, 일본은행이 맹렬하게 따라붙고 있는 모양새다. SNB는 재무상태표의 확대요인이 되는 환율 개입을 계속하고 있지만, 현재는 적어도 무제한 개입에 대해서는 신중하게 하고 있다. 2015년 중반이 되니 일본은행의 양적완화에도 언젠가 한계가 올 것이라는 시장의 인식이 확실히 나오고는 있지만, 완화축소가 논의되려면 아직 먼 것 같다. 일본은행이 현재와 같은 양적완화를 계속하기만 해도 엔화의 유동성이 상대적으로 증가하고 있다는 것이 확실히 눈에 띤다.

양적완화라는 금융정책은 금리가 0%의 하한(적어도 당시는!)에 근접하였기에 금리인하라는 완화수단이 곤란해졌음을 반영하는 차원에서 채용되었다고 앞서 설명했다. 그러나 금리에 하한이 있기 때문에 채용된 양적완화가 통화를 초월한 자금거래를 통해 돌고돌아 0%라는 바닥을 뚫어버린 셈이 됐다.

2013년의 양적·질적 완화에서 '질적'이란 말은 원래 일본은행이 매입 대상을 국채 이외의 리스크 자산에까지 확대했다는 의미로 쓰였다. '이차원'이라는 형용사까지 동원되어 '질적' 측면이 더욱 강조되었다. 그런데 '양'에 대비하는 단어가 '질'이면, 양적완화에 대비되는 정책이 금리인하라고 볼 수 있다. 그렇다면 역설적이게도 '질적' 완화의 결과 마이너스 금리가 발생한 것으로 해석할 수도 있을 것 같다. 본래 금리인하가 곤란하다는 이유로 도입한 양적완화가 최종적으로 금리를 마이너스로 만들어 버렸다는 점에서 '이차원'이라는 표현이 정말 딱 들어맞게 된 셈이다.

양적완화는
재정확대와 뗄 수 없다

• • •

지금까지는 이미 '양적완화=유동성 증가'라는 것을 당연한 인과관
계로 놓고 이야기를 진행해 왔다. 여기서 좀 새삼스럽지만 유동성
증가의 흐름을 살펴봄으로써, 금융완화만이 유동성 증가의 요인은
아니라는 것을 확인하고 싶다.

'양'은 민간은행이 중앙은행(일본은행)에 보유하고 있는 준비예금
의 액수로 셈한다. 준비예금은 현금과 나란히 본원통화를 구성하
는 요소이다. 중앙은행은 민간에서 자산을 구입하고, 그 대금이 준
비예금으로 쌓인다. 구입자산의 대부분은 국채가 되는 것이 보통
이다. 융자보증 등의 형태로 민간 리스크를 부담하고 있는 재정과
역할분담을 해야 하기 때문이다.

양적완화 자체를 자세히 논의하는 것이 이 책의 목적은 아니지
만 애초에 양적완화가 실물경제를 자극하는 효과가 있는지 여부에
대해서는 회의적인 의견도 많다. 그 의견들에 공통된 이유는 본원
통화가 은행 시스템 내에 머무는 통화이며, 실제 경제활동에 돌고
있는 통화총량은 본원통화만큼 늘지는 않는다는 것이다. 따라서
'통화의 공급=화폐가 찍힌다'는 도식은 오해를 초래할 수 있다.

중앙은행의 준비예금(본원통화)이 늘어나면 거기에 대응해 은행

이 대출을 늘리고 통화총량도 증가한다고 보는 케인지언적 화폐승수이론이 있다. 하지만 이 메커니즘은 금리가 지극히 낮은 경우에는 작용하지 않는다. 만일 금리가 어느 정도 높다면 무이자의 통화를 보유하는 대신 융자 등을 통해 금리수입을 얻을 수 있기 때문에, 통화의 유동성과 융자의 금리수입 중 어느 쪽이 이익인지 저울에 달아 볼 가치가 있다. 그러나 금리가 0%에 가깝다면 굳이 유동성이 낮은 융자를 할 필요 없이 준비예금으로 유동성을 확보해 두는 편이 낫게 된다. 이것은 기본적인 '유동성의 함정' 개념이다. 민간은행이 국채를 중앙은행에 매각해도 민간은행의 재무상태표에서 국채와 준비예금이 뒤바뀔 뿐이며, 본원통화가 증가하면 중앙은행의 재무상태표만 확대될 뿐이다.(도표1-11)

그러나 양적완화는 그에 따라 적극적으로 뭔가가 변한다든가 실물경제에 메리트가 있다는 것을 증명할 수 없더라도, 가령 손해만 없다면 당장 시험해볼 만한 다른 경기자극책이 없다는 이유로 허용되어온 면이 있다. 구로다 총재는 준비예금이라는 미끼로 실물경제가 좋아진다고 믿게 하는 '낚시성 효과'가 있다고 강조한다. 절의 입구가 근사하면 복을 받고 갈 것 같은 느낌이 드는 것과 비슷한 효과일 것이다. 양적완화의 부작용으로 가장 자주 지적되는 자산버블조차도 오히려 경기가 좋다고 착각을 부르거나 자산효과를 촉진하는 것으로 환영받은 면도 있다.

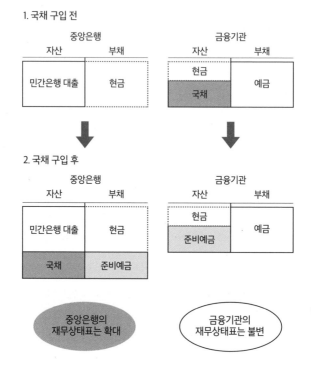

| 도표 1-11 | 중앙은행이 국채를 사도 민간은행의 재무상태표는 변화하지 않고 중앙은행의 재무상태표만 확대될 경우

양적완화가 재정확대를 동반하지 않는 것이라면 국채를 대량으로 구입해 봤자 허울 좋은 본원통화 증가에 그칠 뿐, 민간은행의 재무상태표는 불변할 것이다. 그러나 실제로 일본에서는 양적완화가 재정확대를 동반하고 있다. 일본에서는 재정확대가 아베노믹스의 '세 개의 화살' 정책 중 '두 번째 화살'로 강조되고 있고, 사회

보장비도 연간 5000억엔 이상 자연증가가 허용되고 있다. 재정지출을 하면 정부에서 돈을 받은 민간주체는 은행에 예금한다(도표 1-12). 이 예금의 증가가 통화총량, 즉 세상에 도는 엔을 증가시킨다.

민간은행의 예금과 대출의 차액인 예대마진이 확대되고 있다는 것은 최근 몇 년째 지적되고 있는 현상이다. 그 이유가 대출이 늘지 않기 때문이라고 생각하기 쉬운데, 그것도 분명히 틀린 말은 아니지만 보다 근본적인 이유는 재정지출의 확대다. 재정지출이 민간은행의 예금이 됨으로써 민간은행의 재무상태표가 확대되고 예대마진도 확대되고 있다. 이러한 구조는 오키나 구니오의 『일본은행』(치쿠마신서, 2013)에 자세히 설명되어 있다.

일본은행이 대량으로 자산을 구입한다고 해도 존재하는 것 이상의 자산을 구입할 수는 없는 노릇이다. 결국 양적완화는 재정적자와 세트가 되고 있다. 중앙은행이 국채를 직접 인수하는 머니타이제이션monetization(정부 부채를 중앙은행이 떠안아주기)에 한없이 가까운 행태다. 그러나 머니타이제이션의 역사적 결말은 하이퍼 인플레이션이라는 강렬한 고통이었기에 머니타이제이션이라는 단어는 금기어가 되고, 다양한 레토릭(수사)을 동원해 양적완화가 머니타이제이션에 저촉되지 않는다는 설명을 하고들 있다. 그러나 실태가 한없이 우울하기에 더욱 복잡한 논리를 구사함으로써 애써 둘 사이의

| 도표 1-12 | 재정확대가 실시됨으로써 중앙은행의 재무상태표가 더욱 확대된다

① 정부가 국채를 발행하고 금융기관이 구입, 일본은행은 그것을 아직 구입하고 있지 않다

② 일본은행이 금융기관에서 ①의 국채를 구입, 정부가 추가 발행한 국채를 금융기관이 구입

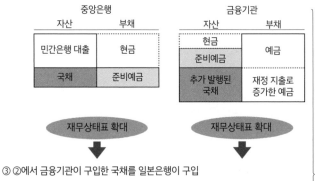

③ ②에서 금융기관이 구입한 국채를 일본은행이 구입

도표 1-11의
프로세스와
동일

중앙은행

자산	부채
민간은행 대출	현금
국채	준비예금
추가 발행된 국채	③의 단계에서 증가한 준비예금

재무상태표 확대

금융기관

자산	부채
현금	예금
준비예금	
③의 단계에서 증가한 준비예금	재정 지출로 증가한 예금

재무상태표 불변

90

'차이'를 설명하고자 하는 인상이다.

물론 양적완화에 있어 구입대상 자산으로서 국채가 아니라 다른 자산을 사면 정부의 채무를 떠안게 되지는 않을지도 모른다. 이를 테면 국채의 액수에 비할 바는 아니지만 사채나 주식, 리츠REIT(부동산투자신탁)도 일본은행의 구입대상이 되고 있다. 그러나 중앙은행이 그러한 민간의 리스크를 부담한 시점에서 이미 금융정책은 재정정책을 떠맡게 되기 때문에 결국은 머니타이제이션의 연장이 되는 셈이다. 결국 양적완화는 재정과 세트로 시장에서 유동성을 공급하고 있는 것으로, 애초에 재정을 통제하지 않으면 유동성도 통제할 수 없다.

negative interest

2장

마이너스 금리의 서막, 점점 낮아지는 금리

01

마이너스 금리는
펀더멘털인가, 테크니컬인가?

배경에는
저금리가 있다

● ● ●

1장에서는 본래 마이너스가 될 리 없는 금리가 실제로 마이너스
가 되어 가는 구체적인 메커니즘을 살펴 보았다. 그러나 금리는 어
느 날 갑자기 마이너스가 되지 않는다. 3%였던 금리가 2%가 되고,
1%, 0.5%로 떨어져 가다가 어느 시점부터 마이너스 영역에 돌입한
다. 그 움직임은 기본적으로 연속적인 것이다. 금리가 떨어지는 과

정에 관해서는 경제적인 펀더멘털(구조)에 근거한 접근법이 존재한다. 그런데 지금은 마이너스가 되는 순간에 다른 힘이 작용하는 전혀 별개의 상황인 양 다뤄지는 게 이상하다.

마이너스 금리의 발생은 채권의 차입료가 금리보다 높아지거나 달러를 빌리고자 엔화의 금리를 희생하는 과정에서 일어났다. 이러한 차입료나 달러 조달 프리미엄은 엔화 금리를 결정하는 펀더멘털 요인과는 다른 테크니컬(기술적) 요인이라고도 할 수 있다. 또한 이들 요인은 1990년대부터 존재하고 있었고, 결코 지금 시작된 것이 아니다.

그러나 1990년대는 금리 자체의 수준이 현재보다 훨씬 높고, 10년물 국채 금리도 2% 가까이 됐다. 때문에 차입료 같은 테크니컬 요인이 발생한다고 금리가 마이너스까지 떨어지는 일은 거의 없었다. 반면 지금은 30년물 국채 금리도 1.5% 수준이고, 기본적으로 엔화 금리 자체의 수준이 훨씬 낮아져 있다. 따라서 차입료가 조금만 발생해도 금리가 마이너스 영역에 들어서기 쉽다. 그런 의미에서 마이너스 금리 발생의 전단계로서 금리 저하가 있다는 것을 인식해야 한다.

미국채 금리가
30년간 계속 떨어진 이유

● ● ●

금리 저하는 이미 선진국에서 공통된 현상이다. 과거 30년간 미국채 10년물 금리의 추이는 그것을 전형적으로 나타내고 있다(도표 2-1). 1970년대 오일쇼크로 인한 하이퍼 인플레이션 직후 4~5년간은 현재의 브라질 레알화 금리를 능가하는 10%대 금리수준이었다. 2015년의 2% 전반에 이르기까지 이 정도로 명확한 경향이 있다는 것은 뭔가 펀더멘털한 요인이 있다고 생각하는 것이 자연스럽다. 그러나 지금까지 금리하락 국면에서는 종종 테크니컬 요인이 강조

| 도표 2-1 | 미국채 10년물 금리 추이

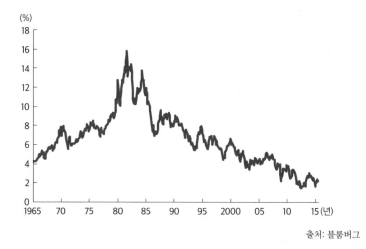

출처: 블룸버그

되어 왔다.

2000년대 초까지의 금리하락에 관해서는 오일쇼크 후의 금리급등이 가라앉는 과정이었다고 설명할 수 있을 것이다. 그러나 2004년부터 2006년까지의 금리하락에 관해서는 당시 FRB 의장이었던 그린스펀이 '코넌드럼^{conundrum}(수수께끼)'이라고 표현했듯, 많은 시장참가자가 펀더멘털로는 설명할 수 없다고 여기고 다양한 테크니컬 요인을 모색했다. 그도 그럴것이, 당시 FRB는 정책금리를 사상 최저인 1%부터 정책회의 때마다 0.25%씩 인상하는 정기적인 긴축정책을 취하고 있었기 때문이다. 이것은 '메저드 페이스$^{Measured\ Pace}$(점진적인 정책금리 인상)'라 불렸다. 금융긴축을 실시하면 직관적으로는 단기뿐만 아니라 장기도 포함한 금리 전체가 상승한다고 생각할 수 있다. 그러나 이 시기 미국채 10년물 금리는 거의 오르지 않고 오히려 떨어지는 국면도 있었다. 금리인상의 최종 국면인 2006년에 정책금리가 5%가 되어 당시 미국채 10년물 금리를 넘으려고 할 때 비로소 10년물 금리도 상승세를 보이기 시작했을 뿐이다.

수수께끼를 설명하기 위해 다양한 논의가 나왔다. 수급요인은 대표적인 테크니컬 요인으로, 글자 그대로 수요와 공급에 따른 요인이다. 이를테면 모종의 제도적 요인 때문에 운용자산액이 큰 포트폴리오의 자산배분에 변경이 생겨 특정 자산에 대한 수요가 높아지거나 어느 특정 부문의 채권이 대량 발행되는 경우가 있다. 그런

| 도표 2-2 | 국내 저축과 경상수지와의 항등식 관계 (저축투자 밸런스)

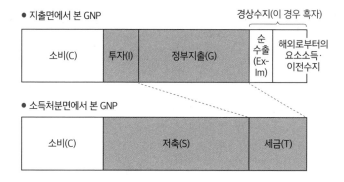

● 지출면에서 본 GNP

경상수지(이 경우 흑자)

| 소비(C) | 투자(I) | 정부지출(G) | 순수출 (Ex-Im) | 해외로부터의 요소소득·이전수지 |

● 소득처분면에서 본 GNP

| 소비(C) | 저축(S) | 세금(T) |

국내의 저축초과 = S - I (민간의 저축초과) + T - G(정부의 저축초과) = 경상수지
민간과 정부의 저축초과 합계가 순수하게 플러스라면 경상수지는 흑자

때에 '일시적인' 수급의 왜곡이 발생하는 경우가 있다.

당시 많은 시장관계자가 납득한 테크니컬 요인으로서 '저축과잉설'이 있었다. 중국을 필두로 하는 신흥국의 무역흑자가 확대되고, 그 흑자가 과잉저축이 되어 미국채 투자로 돌려지고 있기 때문에 미국채 금리가 상승하지 않았다는 주장이다. 사후적인 항등관계지만 경상흑자와 국내저축(민간과 정부의 합계)은 균형이 맞기 때문이다 (도표2-2).

'모기지설'도 또 하나의 테크니컬 요인이었다. 모기지 채권이란 주택대출을 담보로 한 채권으로 미국에서 많이 유통되고 있다. 미국의 주택대출은 고정금리가 많기 때문에 금리가 떨어지면 갈아타기 붐이 일어난다. 그럴 경우 모기지 채권도 일단 상환이 된다. 따라서 투자가들 사이에 상환이 된 만큼의 재투자 수요가 발생해 금리가 떨어지기 쉬워진다고 하는 인과관계가 지적되었다. 그러나 어차피 갈아타기인지라 새로 다시 빌리려는 수요와 함께 소멸하는 일시적인 금리하락 요인이라는 해석이었다.

딱 꼬집어 '이것'이라 할 만한 수수께끼의 해답을 찾지 못한 채 결과적으로 미국채 10년물 금리는 2006년의 5%대를 피크로 찍더니, 당시 테크니컬한 이유로 낮아졌다고 설명되던 수준에서 상승하는 일 없이 그 후의 금리인하와 함께 떨어져 갔다.

2011년 7월에 2% 밑으로 떨어졌을 때는 '그리스 사태를 계기로 유럽 재정위기가 심각해졌기 때문에 리스크가 높은 주식시장에서 안전자산이 되는 미국채로 자금이 흘러갔다'라는 설명이 붙었다. 리스크 프리미엄이 높아진 것이 새로운 테크니컬 요인이라고 인식되었다.

그런 설명이 결코 틀린 건 아니다. 과잉저축이나 모기지설, 유럽 재정위기로 발단된 리스크 회피적인 상태도 의심할 여지없이 심각하긴 했다. 그러나 이런 설명들은 '일시적'이라는 의미를 동반한 것이었다. 테크니컬한 요인은 보통 일과성으로, '그다지 본질에 관련된 게 아니'라며 특별취급하기도 쉽다. 그러나 미국채 10년물 금리는 2013년 7월에 일단 3%를 넘는 수준까지 상승하긴 했지만,

FRB가 금융완화정책을 종료하려고 한 2015년 8월 시점에도 2%대 전반 밖에 되지 않았다.

오랜 세월 계속돼 온 금리 저하 현상을 테크니컬 요인만으로 설명해 버리는 것은 위험하다. 다시 말해 '테크니컬, 테크니컬'이라며 특별취급하고 있는 사이에 실제로는 펀더멘털이 테크니컬에 접근해 버리는 상황이 발생하는 경우도 많다. 그런 예는 일상에도 존재한다. 예컨대 다이어트만 해도 '오늘은 그의 생일이라서 특별해' '오늘은 회사에서 회식이 있어서 특별해'라며 툭하면 '특별하다'는 이유로 과식을 하는 날이 늘어나는 것을 허용한다면, 본질적으로는 다이어트를 하지 않는 것과 마찬가지 상황이 되어 버린다. 펀더멘털한 금리 저하 요인, 그것은 구조적인 저성장으로의 이행이다.

경제성장이 있어야
금리도 있다

수익 배당으로서의
금리

• • •

돈은 가만 놔두면 저절로 늘어나는 게 아니다. 돈을 맡기면 금리가
얻어지는 것은 누군가가 그 돈을 사용해 수익을 창출하는 일을 하
고 있기 때문이고, 그 수익의 일부를 금리로서 나눠 받게 되는 것
이다. 따라서 수익이 많으면 그 배당으로서의 금리가 높아지고, 적
으면 금리도 내려가는 것이 자연스럽다고 할 수 있다.

수익을 창출하려면 시간도 수고도 든다. 이를테면 농업의 경우, 뿌린 씨앗이 성장해서 수확까지 할 수 있으려면 물리적인 시간에 더해 여러 가지 작업과 관리가 필요하다. 날씨를 비롯한 불확실성도 수시로 끼어든다.

하지만 똑같이 비가 오더라도 그것이 플러스가 되는 비즈니스와 마이너스가 되는 비즈니스가 있어서, 경제 전체로 보면 개별 리스크가 어느 정도 상쇄된다. 또한 국가는 재정의 틀 안에서 수입이 적어지면 국가 스스로가 미래의 세수를 등에 업고 빚을 내는 권력을 행사한다. 이로써 리스크는 시간적으로도 평균화된다. 따라서 동일통화 경제권 전체의 평균적인 수익률, 즉 성장률이 국가가 빚을 질 때의 금리, 소위 '무無리스크 금리'로서 지위를 갖게 된다.

보이지 않는 실질금리를
보이게 만든 피셔 방정식

● ● ●

피셔 방정식이라는 유명한 식이 있다. '명목금리=실질금리+(기대)인플레율'이라는 심플한 방정식이다. 이를테면 은행에 예금해 1%의 금리가 붙었다고 해도 그것은 명목상의 수익 배당으로서 1%가 늘어났을 뿐이다. 이때 인플레율이 0.4%였다고 하면, 실질적인 구매력이라는 관점에서 수익률은 0.6%가 된다. 1930년 미국의 경제학자인 어빙 피셔가 자신의 저서 『이자론The Theory of Interest』에서 이 식을 도입했기 때문에 그의 이름이 붙어 있다.

피셔 방정식은 지금은 이론이라기보다 정의식, 또는 항등식이라고 하는 편이 적절할지도 모른다. 그러나 당시는 명목금리와 실질금리의 구별이 미묘한 정도로 인식되었기 때문에 '이론'이라고 하는 쪽이 실질금리의 개념을 보다 잘 환기시킬 수 있었던 모양이다. 피셔 방정식의 요점은 세상에서 직접 관찰 가능한 예금금리나 대출금리는 명목금리지만 실제 경제활동에 영향을 주는 것은 명목금리에서 인플레율을 고려한 실질금리라는 것이다.

사람에게 일반적으로 '눈에 보이는' 것은 구체적이고 알기 쉽지만, 보이지 않는 것은 추상적이라 알기 어렵다. 그러나 보이는 것부터 차근차근 따져 가면 보이지 않는 것도 알게 된다. 피셔 방정식이 그 좋은 예가 아닐까. 명목금리는 보인다. 그리고 인플레이션도 어느 정도 보인다. CPI(소비자물가지수)는 통계로서 집계한 것이므로 직접 보이지는 않지만 어제까지 100엔이었던 빵이 110엔이 되어버린 사태는 눈에 보인다. 사람에게 필요한 것은 우선 빵(실질)이고, 빵값이 오르면 빵을 더 사려고 모아두었던 돈도 그만큼 늘지 않으면 힘들게 된다(명목).

금리가 성장률에
미치는 영향

• • •

피셔 방정식의 관계는 금리뿐 아니라 성장률에도 적용할 수 있다. 즉 '명목 성장률=실질 성장률+GDP디플레이터'란 것이다. 'GDP디플레이터'란 GDP를 계산할 때 사용하는 물가지수다. 금리는 경제가 성장하는 것, 또는 그것을 예상한 댓가이기 때문에 자연스럽게 연결된다.

이 2개의 식을 나란히 놓고 찬찬히 살펴보기 바란다.

명목성장률=실질성장률 + GDP디플레이터

명목금리=실질금리 + 기대 인플레율

그러면 최종적으로 이 2개의 식은 거울에 반사된 것처럼 대칭이 되어야 한다는 사실이 저절로 머리에 들어올 것이다. 즉, 실질금리는 장기적으로는 실질성장률에 수렴하게 돼 있다. 실질금리를 마이너스로 만들어 실질성장률이 플러스가 되어 가도록(=성장하도록) 촉진하는 정책이 장기적으로 유지 가능하지 않다는 것을 직관적으로 이해할 수 있다.

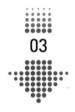

03

성장과 인플레이션이
함께 낮아지고 있다

서머즈가 지적한
자연이자율의 저하

• • •

성장률이 높은 경제에서는 그 수익 배당으로서의 금리도 높다. 그런데 돈만으로는 성장할 수 없다. 경제성장을 만드는 것은 사람의 노동이다. 기계 등도 성장에 기여하지만 기계를 사용하는 것은 사람이기에 이는 노동생산성의 향상이라는 형태로 인간에게 돌아온다. 따라서 종합적으로는 노동력 투입의 증가가 곧 경제성장이 된다.

또한 경제학의 생산함수에서는 생산을 효율적으로 늘리려면 노동과 자본을 균형 있게 투입한다는 암묵적인 가정이 있다. 경제학 교과서에 자주 나오는 코브 더글라스 함수는 자본을 2배, 노동력을 2배로 투입하면 생산량도 2배로 커지는데, 만일 노동력만 늘려 생산량을 2배로 늘리려면 무려 4배라는 극단적인 투입력 증가를 요한다고 설명한다. 그 자체는 위화감이 드는 가정은 아니다. 다만 가장 효율적으로 생산이 늘어나는 자본의 증가율은 노동력의 증가율과 동일하다는 결론이 유도된다. 자본의 증가율은 이자로서 환원되는 것이므로 잠재성장률도 이자율에 수렴되는 것이다.

이것은 고전적 경제학의 일반적인 논리 패턴이다. 즉 두 가지 중에 어느 쪽에도 손득이 치우치지 않도록 물건의 양이나 가격이 정해지는 것이 최적이라는 사고방식이다. 자본에 비해 노동력이 너무 적으면 자본이 실질적으로 남아돌아 낭비가 된다. 세상은 그 균형점을 향해 움직이고 있다고 생각하는 것이다. 그러한 균형상태에서의 이자율을 자연이자율이라고 한다.

정책금리를 올리고 내리는 전통적인 금융정책은 정책금리를 자연이자율보다 높이거나 낮추는 것으로, 경기를 조정하는 역할을 한다. 그러나 자연이자율의 구체적인 수치에 관해서는 대략적인 범위 안에서 합의는 가능해도 더욱 추궁해서 대체 몇 %인가를 따진다면 당연히 논의가 갈리게 된다. 진짜 값은 오직 신만이 안다.

통계학에서도 '진짜 값'은 개념으로서는 존재해도 결코 측정할 수는 없다. 예컨대 일본 성인 남성 신장의 '진짜 평균치'라는 것은 측정할 수 없다. 설령 전원의 신장 데이터를 수집해서 빅데이터로 관리할 수 있다고 해도 일본인 중에는 아버지나 어머니가 일본인이 아닌 사람도 있고, 그 데이터의 취급방식에 정답은 없다. 또 영양 상태나 운동 등에 따라 평균 신장은 매일 변화하고 있다. 진짜 평균치라는 것은 존재하긴 하겠지만 수치로서 특정할 수는 없다. 그래서 되도록 편차가 없도록 표본을 추출해서 '진짜 값에 가깝다'고 생각되는 '표본평균치'를 계산하는 것이다.

구체적으로 몇 %인가와는 별개의 문제로 자연이자율이 점차 떨어지고 있다는 것은 세상이 합의하는 부분일 것이다. 미국의 전 재무장관 로렌스 서머스가 2013년 11월 국제통화기금ᴵᴹᶠ 연차조사회의 강연에서 '자연이자율이 마이너스가 되고 있다'는 가설을 발표해 화제가 됐었다. 자연이자율이 마이너스라면 설령 정책금리가 0%라도 긴축적 금융정책인 셈이 되므로 그 결과 경제가 '장기침체'에 빠져 있다는 주장이었다.

실무적으로 자연이자율은 잠재성장률에 가깝다고 여겨진다. 단 자연이자율에 관해서는 마이너스라는 시산이 종종 보이는 데 비해 잠재성장률이 마이너스라는 시산은 별로 보이지 않는 것이 신기하다. 일본의 자연이자율은 마이너스로 추정되는 경우가 적잖이 있지만, 잠재성장률은 0~0.5%로 낮긴 해도 마이너스로 추정하는 경우는 드물다. 모종의 정책적 의도가 있는지도 모른다. 어찌됐든 잠재성장률의 저하와 금리 저하 사이에는 펀더멘털한 상호 관계가 있다.

잠재성장률이 떨어지고 있다는 것과 그 원인에 관해서는 어느 정도 세상의 합의가 있다. 그 주된 원인은 선진국의 경제가 성숙단계에 와 있다는 것, 인구가 이제 증가하고 있지 않다는 것이다. 인구가 늘지 않아도 이노베이션만 있으면 성장은 가능하다는 주장도 있다. 요시카와 히로시의 『디플레이션』(일본 경제신문출판사, 2013년)은 '공급 측에서 새로운 제품을 제공함으로써 폭발적인 수요가 환기될 만한' 수요창출형 이노베이션이 일어난다면 성장으로 이어진다고 주장하고 있다. 그러나 인터넷이나 휴대전화의 기하급수적인 보급이 실제 전세계적 규모로 확실히 일어나고 있지만, 결과적으로 경제성장률은 그것만으로는 밀어 올려지고 있지 않다. 그런 점에서 이노베이션만으로 경제 전체를 성장시키는 일은 어렵다고 보아야 할지도 모른다.

저^低인플레와 저성장의 관계는
닭과 달걀의 관계

● ● ●

세계적으로 인플레율도 저하되고 있다. 1970년대 오일쇼크로 주요 각국이 10%가 넘는 인플레를 경험한 후로 1990년대와 2000년대의 인플레율은 미국의 경우 2% 전후로 정착되고 있다. 일본에서는 인플레율이 떨어지다 못해 마이너스가 됐다. (도표2-3)

피셔 방정식으로 알 수 있는 것처럼 인플레율의 저하와 저금리는 직접적인 관계에 있지만 일방적인 인과관계를 가리키고 있지는 않다. 양자는 상호 관계를 맺고 있다. 디플레라서 경기가 억제되고 있다는 견해도 있지만 경기침체의 하나의 증상으로서 디플레가 나타났다는 인식도 널리 퍼져 있다. 앞서 인용한 요시카와의 『디플레이션』에서도 그렇다.

일본은 그러한 경기침체에서 디플레에 이르는 경로 속에 고용관행과 산업의 구조변화가 깊은 관계를 맺고 있다. 구체적으로는 급여가 기본급과 보너스로 2원화되고 있는 관행에서 보너스가 경기 후퇴시의 비용 삭감의 쿠션으로 작용한다는 점과, 또 최근 십수년의 고용 증가는 비숙련노동 부문 쪽이 컸고 그중에서도 파견노동의 비율이 크다는 점 등이 있다. 그런 점들이 일본 전체의 임금상승과 인플레를 억제해 저금리를 지속시켜온 것이다. 이쯤 되면 디플레와 저금리가 닭이 먼저냐 달걀이 먼저냐의 관계라는 점이 잘 보일 것이다.

구조적인 저인플레의 흐름을 의식한다면 2000년대 FRB의 금리 인상에도 불구하고 미국채 금리가 상승하지 않았던 이유를 테크니컬만으로 정리하기는 어려울 것이다. 중국의 소비가 경상흑자만큼 늘지 않았다는 것은 일종의 성장둔화를 드러내고 있다고 생각한다. 또 유럽 재정위기의 발생도 리스크 회피가 절정에 달할 만큼의 국면에서 금리 저하가 분명히 테크니컬 요인이라고도 볼 수 있지만 부채의 변제가 막히게 된 근본 원인을 따라가면 저성장이라는 펀더멘털한 요인으로 돌아간다. 계속적으로 발생하는 테크니컬 요인은 종종 펀더멘털로 회귀한다고 할 수 있다.

| 도표 2-3 | 미국과 일본의 CPI(소비자물가지수)로 본 인플레율의 추이

출처: 블룸버그(원 데이터는 일본은 총무성, 미국은 노동통계국)

성장에 집착하는
사회 구조

연금운용의 전제 이율과
재정 건전화 플랜

● ● ●

저성장은 구조적인 사회 변화다. 그러나 정책적으로는 그런 흐름
을 거슬러 과거의 고성장으로 돌아가기를 지향하게 된다. 사회 시
스템이 성장을 전제로 해서 만들어져 버렸기 때문에 그렇다.

그 필두는 연금재정일 것이다. 후생노동성의 연금재정검증을 훑
어보면 상정이율이 상당히 높다는 것을 알 수 있다. 재정검증으로

경제 시나리오를 8개로 나눠, 2024년도 이후의 성장률로 플러스 1.4%/년부터 마이너스 0.4%/년까지를 가정하고 있다.

그런데 그다지 경제가 살아나지 못하고 실질성장률이 마이너스 0.4%/년인 경우에도 2.3%의 명목이율과 1.0%의 실질이율(임금상승률 대비)을 상정하고 있다. 연금운용에서 '실질'의 기준은 물가가 아니라 임금상승률을 사용하고 있는데, 모든 사례에서 임금이 물가보다 상승한다고 가정하고 있다. 성장률에 관해서는 정직하게 마이너스 성장의 경우도 상정하고 있지만 마이너스 0.4%의 실질성장률 하에서도 0.7%의 실질임금상승률과 1.3%의 명목임금상승률이 확보된다고 하는 기상천외한 시나리오다. 최종적으로 연금재정의 계산에 들어가는 것은 운용이율이기 때문에 실질적으로는 결국 높은 성장률을 가정하고 있는 것이나 마찬가지가 된다.

2015년은 '매크로 슬라이드'가 처음 발동되어 화제가 됐다. '매크로 슬라이드'는 보험료를 지불하는 세대의 부담을 경감하기 위해 연금급여를 임금과 물가상승률보다 슬라이드 조정분 만큼 억제하는 시스템을 말한다. 2015년의 조정분은 0.9%였다. 그러나 임금과 물가가 하락한 경우 그 이상으로는 연금을 내릴 수 없게 되어 있기 때문에, 물가상승이 없는 경우 또는 하락한 경우는 급부억제 효과가 사라진다. 이런 점에서도 물가나 임금이 하락할 것 같은 시나리오, 즉 저성장률 시나리오는 연금재정계획상 배제해야만 하는 지상명령이 있다.

2015년의 재정건전화 계획도 '성장의존' 일변도라고 할 수 있다. '건전화'라고 하면 듣기는 좋다. 그러나 내용적으로는 '명목 3%, 실질 2%'라는 경제 재생 계획을 지속할 수 있다면 2020년도까지 기초적 재정 수지Primary balance의 적자는 9.4조엔(GDP 대비 마이너스 1.6%)이 되고, 그 적자도 그 이상의 성장으로 해소된다'고 하는 식의 무모한 '이프if'투성이 계획이다. 실제로 2014년은 어느 정도 기업결산도 호조를 보였고, 소비세 증세도 있어 세수가 증가했다. 그러나 2020년도까지 5년간 소비세 증세가 앞으로 2%분 밖에 남지 않았음에도 거의 같은 속도의 세수 증가를 어림잡고 있고, 이를 전제로 세출삭감은 잊혀진 상태다. '장차 재정이 안 돌아가게 되는' 공포감보다 현재의 세출을 깎아야 하는 것에 대한 정치적 혐오감 쪽이 크기 때문이다.

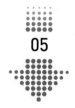

05

지속적인 저금리는
저성장을 부른다

**금융완화는
시한부 조치일 때 효과적이다**

● ● ●

본래 저금리는 성장을 지탱하는 것이다. 금리가 낮으면 돈을 빌리
기 쉬워져 투자가 촉진되니 경제성장을 부추기게 된다는 경로는
우선 맞다. 차입금리는 투자 프로젝트의 손익분기 수준이 되기 때
문이다.

예컨대 금리가 3%라면 3% 이상의 수익을 내다볼 수 없는 프로

젝트는 각하되지만, 금리가 0.5%라면 0.5% 이상의 수익이 얻어질 만한 프로젝트라도 시도해 볼 가치가 있다. 제로금리라면 실제 이익이 없더라도 손해만 안보면 되고, 마이너스 금리라면 다소 손해를 봐도 된다. 금리가 낮으면 낮을수록 요구되는 수익이 낮아도 되기 때문에 가능한 프로젝트가 늘어나는 것이다.

그러나 가장 큰 문제는 '요구되는 수익이 한없이 낮아도 되는가?'이다. 낮아도 된다면 노력해서 높은 수익을 얻고자 하는 인센티브는 역으로 줄어든다. 예컨대 높이뛰기의 목표를 1미터로 정하고 1미터를 뛰었는데 다음 번에 바의 높이를 올리지 않는다면 그 이상은 뛰게 되지 않을 것이다. 1미터 다음에 1미터 5센치, 그리고 1미터 10센치라는 식으로 올려가기 때문에 최초 1미터의 목표에 의미가 있다.

따라서 저금리로 인한 경기자극책은 한시적 조치일 때에만 효과가 있다. 그런데 전세계적 금융완화책은 2007~08년 이래 이미 8년이 넘는 기간에 걸쳐 계속되고 있고, 앞으로도 간단히 끝날 것 같지 않다. 2015년 미국은 확실히 금리인상의 준비단계에 들어갔다. 그러나 양적완화라는 비전통적인 금융완화 형태를 유지한 채 금리인상을 준비하고 있는 터라 본격적인 금리인상이라고는 볼 수 없을 것이다. 게다가 전前의장 버냉키가 최초로 완화축소를 언급한 2013년 6월로부터 이미 2년이 경과했다. FRB는 금리인상을 전제로 하면서도 '금리인상 결정은 데이터에 따라 내린다'는 신중한 자세를 취하고 있다.

FRB는 정책위원의 향후 정책금리예상을 점으로 나타낸 점도표를 공개하고 있다. 이 점도표가 보여주는 장기예상이 4% 가까이로 비교적 높은데도 시장금리가 좀처럼 그것을 반영하지 못하고 있는 현실에 대해, '시장은 FRB를 이해하지 못한다'는 위원들의 코멘트가 나오기도 했다. 그러나 2013년 이후의 미국채 10년물 금리 동향을 보면, FRB의 결정회합 직전까지 긴축방침을 반영하듯 금리가 상승하다가 결국 회합이 '비둘기파(금리인하와 양적완화의 지속·확대 주장)'적으로 끝나면 다시 금리가 떨어지는 패턴이 되풀이되고 있다. 이런 패턴이 계속되는데 정책위원의 장기 정책금리 예상을 믿으라고 할 수 있을까.

미국도 현재는 1미터를 아슬아슬 뛰지만 바를 올렸다가 뛰지 못했을 경우의 쇼크가 두려워 올리지 못하는 상태가 계속되고 있는 느낌이다. 장기화하는 저금리정책은 저수익 프로젝트를 계속 온존시킨다는 점에서 성장률을 내리누를 수밖에 없다.

원유 가격 하락이
드러낸 것

• • •

2014년 여름 이후 1배럴당 100달러였던 원유 가격이 하락을 시작해 연말에는 반값까지 급락하기에 이르렀다. 원유 가격이 내렸다기보다 사실 지금까지가 너무 높았던 것임을 깨닫게 하는 하락이었다. 동시에 금융완화가 성장을 저해하고 있었다는 사실에도 눈뜨게 됐다. 다음 두 가지 측면에서 그렇다.

먼저 금융완화를 통해 대량 공급됐던 유동성이 원유 가격을 밀어올리고 있었다는 사실이다. 일본을 포함한 원유 수입국 입장에서는 원유 가격이 하락하면 교역조건이 개선돼 경기에 플러스가 된다. 2000년대 초의 원유 가격 상승은 신흥국의 성장 붐에 떠밀렸기 때문이라는 실수요 인식이 있었다. 그러나 그후 리먼 사태 등의 경기후퇴를 거쳐 일단 40달러 가까이까지 떨어지긴 했지만 아직 유럽 재정위기가 진행 중이던 2011년 중반에는 이미 100달러 가까이까지 회복했고, 중국 등의 경제 감속이 눈에 띄기 시작한 2012년 이후도 줄곧 100달러 전후를 유지했다. 즉 풍부한 유동성이 유가 상승으로 이어지고 있던 한도 내에서는 금융완화가 사실상 마이너스 성장요인을 조성하고 있었던 셈이다. 이것이 첫 번째 측면이다.

또 하나의 측면은 금융완화에서 유래한 엔저다. 유가가 하락했다고 해서 일본으로서는 단순히 성장촉진요인이 발생한 것도 아니었다. 왜냐하면 그사이 달러-엔 환율이 100엔에서 120엔 부근까지 올라 약 20%의 엔저가 진행된 탓에 일본은 모처럼 하락한 유가의 수혜를 듬뿍 누리지 못했기 때문이다. 2012년 말에 엔고 경향이 반전되기 시작한 최초의 요인은 유럽 재정위기의 종언이었다. 그러나 그 후의 엔저는 일본은행에 의한 양적·질적 완화에 힘입은 부분이 크다고 볼 때, 금융완화는 원유가격이 상승하는 국면에서나 하락하는 국면에서나 성장저해요인을 만들어 버렸다고 할 수 있을 것이다.

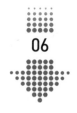

저금리로 국가 채무를
줄이려 한다

라인하트가 지적한
금융억제

• • •

현재의 구조적 금리 저하는 잠재성장률의 저하라는 펀더멘털한 요
인뿐만 아니라 금융억압이라는 인위적 요인에 의해서도 초래되고
있다. 미국 하버드대학 교수인 카르멘 라인하트는 2011년에 '금융
억압의 재래Financial Repression Redux'란 제목의 워킹 페이퍼에서 그 점
을 지적하고 있다. 그녀는 과거 800년에 걸친 소버린 리스크의 역

사를 연구한 『이번엔 다르다』의 공저자이기도 하다.

일본의 누적 재정채무는 2000년대를 관통하며 GDP의 200%를 초과할 정도로 팽창했음에도 불구하고, 이자 지불비용은 2000년대 전반은 감소, 후반은 보합으로 나타났다. 금리수준이 떨어졌기 때문이다. 그러나 그 후에는 채무액 자체가 너무 증가해 이자지불비용도 증가로 돌아서고 있다. 만일 엔화 금리가 상승하게 되면 일본의 재정파탄은 상당히 현실적으로 다가온다. 한편 이자만 꼬박꼬박 지불하고 있으면 아무리 채무가 누적되더라도 메커니즘상으로는 파탄하지 않는다. 따라서 초저금리는 재정파탄을 회피하기 위해 제일 중요한 수단이라 할 수 있다.

재정확대 때문에 신용리스크가 높아지고 있는 국가에 대해 통상적이라면 시장은 나름의 금리를 요구할 것이다. 그러나 국가가 제도나 규제를 통해 국민이 저금리라도 국채에 투자할 수밖에 없는 상황을 만들면 인위적으로 저금리가 유지되도록 유도할 수가 있다. 이것이 금융억압이다. 금리를 시장에서 자유롭게 정해지는 수준보다 낮게 '내리누른다'는 의미에서 '억압'이라는 강한 단어가 사용되고 있다. 시장에서 정해지는 수준에는 인플레율이 반영되지만, 금융억압 하에서의 금리는 대체로 인플레율보다 낮아진다.

글로벌 경제에서는 국채에 투자 묘미가 없으면 해외로 자금이 향하는 것이 자연스러운데, 뻔히 드러나는 외자교환 제한 등으로 자금의 움직임을 직접 제한하는 자본규제는 비판을 받는다. 대신에 리스크 관리나 소요자본의 규제 등을 통해 사실상 국채에 투자할 수밖에 없도록 국내은행과 그 밖의 금융기관을 포위하거나 중앙은행이 국채매입을 통해 시장에 직접 개입하는 일은 상대적으로 눈에 띄지 않는다.

재정적자를 삭감하기 위해서는 지출삭감과 증세를 실시하는 것이 왕도다. 그러나 그런 방법은 고통을 동반하고 회의의 승인도 필요하다. 그러나 앞서와 같은 방식으로 저금리를 유도하면 그러한 수순을 거치지 않고 조용히 일이 처리된다. 저금리 상황에서는 어디까지가 경기촉진 목적이고, 어디까지가 금융억압인지 엄밀히 선을 그을 수 없다. 또한 규제강화의 경우도 금융시스템을 지키기 위해서라는 대의명분이 항상 있고, 특히 리먼 사태 이후에는 전면에 내세우기 편해졌다. 그러므로 금융억압은 국가 입장에서 편리한 재정긴축 회피 수단이 되어버린 것이다.

저금리가 금융억압인가 경기대책인가를 구별하기는 어렵지만, 많은 사람이 종합적으로 금융억압이라 판단한 사례는 있다. 제2차 세계대전 후의 영국과 미국 등이다. 라인하트는 이들의 사례를 '성공한 금융억압'이라고 평가하고 있다. 성공이라는 의미는 단순히 정부채무가 삭감되었을 뿐 아니라 그 과정에서 국민생활에 강요된 희생이 시대 상황에 비추어 견딜 만한 것이었다는 점도 포함해서다. 그러나 그 성공의 열쇠로는 전후의 부흥수요나 인구동태에 성장이 가능해질 만한 거시적 배경이 있었다는 점, 또한 지출 축소라는 고통이 동반되는 시책도 동시에 실시되었다는 점이 지적되고 있다. 결국 금융억압이라고 해서 과도한 부담을 주는 형태의 채무삭감은 아니었던 셈으로, 현재 상황과는 차원이 다르다고 할 수 있다.

금융억압인가
인플레 택스인가

● ● ●

금융억압인지 아닌지 여부는 인플레율에 달렸다. 아무리 저금리라도 인플레율보다 높으면 금융억압이라고 할 수 없다. 역으로 금리가 높아도 인플레율이 더욱 높으면 금융억압 요소가 강하다. 다시말해 실질금리가 마이너스가 되어 있는 상태에서 재정적자가 발생하고 있다면 넓은 의미에서 금융억압이라고 할 수 있다.

인플레를 통해 채무를 실질적으로 감소시키는 것은 화폐에 실질적으로 세금을 매기는 효과가 있으므로 '인플레 택스'라 불린다. 세금은 세상의 경제활동에서 자연발생적으로 생긴 경제현상이 아니라 정책적인 의도를 갖고 부과된 것이다. 인플레 택스에는 '인플레가 인위적으로 만들어진다'는 의미도 포함되어 있다. 같은 인플레라도 수요가 왕성하고 사려는 사람이 많이 있어서 가격이 상승하는 경우에는 '인플레 택스'라고 표현되지 않을 것이다. 채무가치를 실질적으로 감소시키는 수단이라는 점에서 금융억압이나 인플레나 마찬가지다. 물건의 가격을 올리는가, 화폐의 가치를 직접 내리는가의 차이일 뿐이다.

재정지출로 수요를 밀어 올리거나 금리를 낮춰 통화가치를 떨어뜨리면 어느 정도는 인플레를 촉진할 수가 있다. 그러나 경제가 성숙단계에 들어서고 잠재성장률이 떨어진 상태에서는 의도적으로 인플레 상황을 만들기가 어려워지고 있다. 따라서 정부채무의 실질적인 삭감을 도모하는 시책에 있어서도 인플레보다는 금리의 비중을 늘리기 쉽다. 이런 측면도 구조적인 금리 저하의 요인이라 할 수 있다.

negative interest

기존의 상식을 뒤집는
마이너스 금리의 세계

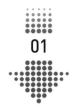

01

애초에 마이너스 금리란
있을 수 없다?

장롱예금의
등장 가능성

● ● ●

마이너스 금리가 장기화되면 어떻게 될까? 금융시장에서 일어난 특수한 사건이라는 틀을 넘어 일반 경제나 우리들의 생활에까지 슬금슬금 영향을 미치게 될 것이다. 이 장에서는 마이너스 금리의 상황을 시뮬레이션함으로써 '마이너스 금리의 상황이란 구체적으로 어떤 것인지'를 피부로 와닿게 하고자 한다.

곧잘 '금리는 마이너스가 되지 않는다'고들 한다. 0%의 하한(플로어)이 있다고도 말한다. 이러한 금리의 마이너스 제약을 뒷받침하는 최강의 이론은 장롱예금을 통한 재정裁定일 것이다. 즉, 은행에 예금해서 마이너스 금리만큼 예금이 감소할 바에야, 장롱 안에 현금으로 갖고 있는 편이 차라리 낫다. 따라서 모두가 그렇게 하면 금리는 마이너스가 되지 않는다는 주장이다. 장롱예금은 영어로 '언더 매트리스'라 표현된다. 영어권 사람들에게는 침대 밑에 현금을 감춘다는 이미지일 것이다.

실제로 지금까지 마이너스의 명목금리를 거의 볼 수 없었다는 점에서 장롱예금 재정은 설득력이 있는 것처럼 보인다. 스위스에는 1000프랑(약 13만엔 상당)의 고액지폐가 있다. 1000프랑 지폐 1매가 100프랑 10매보다 공간을 덜 차지한다는 점에서 장롱예금을 하려는 사람에 대한 배려로 해석할 수도 있다. 하지만 스위스의 마이너스 금리는 통화가 너무 센 것에 대한 대항책이며, 자국내 거래에 마이너스 금리를 침투시키려는 분위기는 그다지 느낄 수 없다. 다만 현금은 돈 세탁에 쓰이기 쉽기 때문에 1000프랑권 발행을 정지하자는 제안도 없는 건 아니다. 참고로 스위스의 1000프랑보다 고액의 지폐는 싱가폴의 1만 달러권(약 90만엔 상당)이 있지만, 2014년 10월 이후 발행이 정지되었다고 보도되었다.

그러나 모든 결제를 현금으로 하는 것은 불가능하다. 예컨대 신용카드 결제는 현금으로 할 수 없다. 고가의 상품이나 인터넷 쇼핑몰 결제는 말할 것도 없고, 지금은 커피 1잔도 신용카드로 살 수 있는 시대가 됐다. 공공요금이나 수업료 인출 등도 당연히 은행결제로 이루어진다. 은행예금의 금리가 설령 마이너스가 된다고 해도 이러한 편리성을 포기할 수는 없을 것이다.

또한 장롱예금으로 마이너스 금리에 따른 가치하락을 회피한다고 해도, 집이나 은행의 대여금고에 넣어둘 수 있는 액수에는 당연히 한도가 있다. 화재나 도난 등을 당할 리스크도 있다. 최소한 금으로 바꿔둬야 불이 나도 타지 않는다.

그런 의미에서는 '가치보존 비용이나 편리성의 대가를 어디까지 지불할 용의가 있는가'라는 문제가 마이너스 금리의 한도를 결정한다고 할 수 있다. 필자의 지인이 농담반 진담반으로 하던 이야기를 인용하겠다. '만일 금리가 마이너스 2%였다고 칩시다. 그런데 대여금고업자가 "당신의 돈을 1%로 금고에 맡아 드리겠습니다"고 제안한다면 분명 2%보다는 1%의 손실 쪽이 나으니까 그런 서비스가 유행하지 않을까요?'라는 것이다. 금고의 운영비용 등을 고려하면 마이너스 금리가 과도히 진행됐을 때 이러한 금고업이 성립할지도 모른다. 중요한 것은 플러스냐 마이너스냐가 아니라 마이너스의 정도다.

여기서 마이너스의 한도를 가늠해보기 위해 금고업의 운영비용

가운데 대부분을 차지할 것으로 보이는 돈의 가치보존 비용을 계산해보자. 대략적이지만 간편한 방법은 선물가격으로부터 추정하는 것이다. 선물은 미래의 가격을 현재 정하는 거래지만, 최종결제일이 다른 몇 가지 것들이 동시에 거래된다. 최종결제일이 6월이라면 '6월한'으로 불리고, 7월이라면 '7월한'이라 불린다. 6월한과 7월한의 금 선물가격의 차는 결제를 1개월 늦췄을 때 기회비용의 차를 나타낸다. 6월에 팔지 않고 7월에 판다고 하면, 그 동안에는 스스로 금을 보관하고 있어야 한다. 따라서 6월한과 7월한의 가격차가 1개월의 가치보존 비용보다 크면 매도를 7월로 연장시킬 것이다. 이러한 재정관계 때문에 한월限月 가격차로부터 가치보존 비용

| 도표 3-1 | 선물가격에서 역산한 가치보존 비용(연율)의 추정 이미지

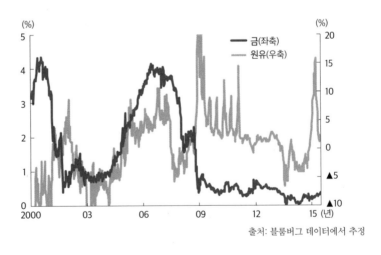

출처: 블룸버그 데이터에서 추정

을 개략적이나마 추정할 수 있다.

엄밀히 말하면 한월간의 가격차는 미래의 가격전망까지 나타내고 있다. 가격 오름세로 본다면 7월한은 6월한보다 가격이 높아지기 쉽다. 다만 한월이 뒤로 갈수록 6개월 뒤와 7개월 뒤를 엄밀히 구별해 시장이 가격을 매기는 일은 곤란해진다. 그래서 '장기'로 뭉뚱그려 다루게 되고, 한월간의 가격차는 가치보존 비용이라는 불확실성이 적은 기계적 요인에 의해 결정되는 일이 많다.

도표3-1은 금과 원유 선물에서 수도 기일이 가장 가까운 것과 2한월 뒤인 것의 차를 연율환산하여 가치보존 비용을 그려본 것이다. 그랬더니 물론 진폭은 크겠으나 평균적으로 금이라면 1% 미만(단, 최근은 더 낮은 편), 원유라면 5% 정도라는 결과가 보인다. 예금을 대신해 원유로 보유하려는 사람은 얼마 없겠지만 금이라면 보다 현실적이라고 할 수 있을까. 가치보존 비용의 관점에서 타당한 것은 마이너스 1% 이내, 하한은 마이너스 5% 정도일 것이다. 장롱예금의 가능성을 전제로 해도 그 정도 범위라면 마이너스 금리가 가능하게 된다.

하지만 찬찬히 생각해 보자. 만일 장롱예금이 진짜로 실천된다면 누군가가 돈을 빌려 실물투자에 돌리는 경로가 차단돼 버린다. 즉 장롱예금이라는 대항수단에 의해 과도한 마이너스 금리의 진행이 어느 정도는 막아졌다고 해도, 마이너스 금리가 오히려 경제에 돈을 돌지 않게 만들어 버리는 것이다.

마이너스 명목금리를
부정하지 않는 피셔 방정식

● ● ●

앞서 2장에서 설명한 피셔 방정식은 명시적인 형태로는 잘 보이지 않는 실질금리를 '인플레율'을 매개삼아 확립된 개념으로 보여줬다. 실질금리의 세계에서도 마이너스 실질금리는 종종 나타나고 있다.

실질금리를 계산할 때 금리로서 어느 연한을 채용할까, 또는 인플레율로서 어느 지표를 쓰느냐에 따라 플러스-마이너스가 미묘한 경우도 있다. 예컨대 FRB가 2000년대 초 이후 정책금리인 FF금리를 1%까지 인하했을 때 미국 CPI(소비자물가지수)는 평균적으로 2%대였다. 따라서 실질 '단기' 금리는 마이너스 1% 정도의 수준이 1년 이상 계속되고 있었던 셈이다. 한편 10년 금리에서 CPI를 빼고 계산한 실질금리는 아직 플러스였다.

원래 10년 금리와 비교할 경우는 현재의 CPI가 아니라 10년간의 평균 CPI를 써야 하는데, 그것은 사후적으로 알 수밖에 없다. 물가연동국채라는 금융상품은 상환가격이 CPI에 연동하기 때문에 그 가격을 관찰하면 시장의 장기 인플레에 대한 기대를 알 수 있다는 의견은 있다.

그러나 실제 물가연동국채 시장을 분석하면 그 가격은 발표되는 현재의 CPI를 노려보면서 명목국채와의 밸런스를 감안해 결정되고 있는 인상이 강하다. 즉, 시장에 10년을 예측할 만한 능력이 있는 것이 아니라, 시장도 현재의 CPI를 '엿보면서' 가격을 매기고 있다고 하는 편이 옳을지 모른다. 참고로 일본의 물가연동국채의 실질이율은 2013년 이래 줄곧 마이너스로, 2015년 6월에는 약 마이너스 0.7%였다.

일본에서는 물가연동국채를 꺼낼 것도 없이, 2013년 이후의 양적·질적완화가 진행됨에 따라 어느 지표를 써도 실질금리가 분명한 마이너스가 돼 버렸다. 2013년의 CPI는 1%를 넘어서 있었다. 한편 금리는 연한 10년까지는 1%를 하회한 상태로, 누가 계산해도 실질금리는 마이너스라는 것이 분명한 상태가 됐다(도표3-2). 실제로 실질금리를 내리는 것은 성장을 촉진하는 정책으로서 이차원 완화가 의도하는 부분이었다. 피셔 방정식은 명목금리가 마이너스가 되지 않는다고는 하지 않는다. (기대)인플레율이 높아도 실질금리가 그것을 상쇄할 정도의 마이너스가 되면 명목금리도 마이너스가 되는 것이다. 이것이 '스태그플레이션'이라고 불리는 상황이다.

| 도표 3-2 | 미국과 일본에서 실질금리가 마이너스가 된 시기

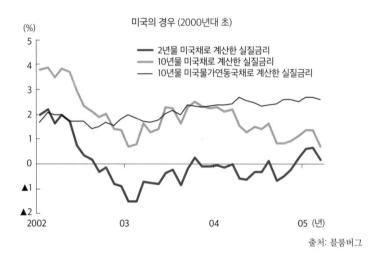

미국의 경우 (2000년대 초)

- 2년물 미국채로 계산한 실질금리
- 10년물 미국채로 계산한 실질금리
- 10년물 미국물가연동국채로 계산한 실질금리

출처: 블룸버그

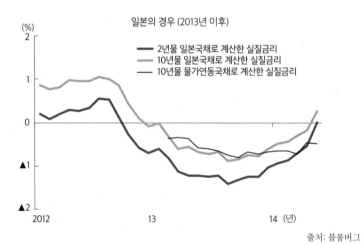

일본의 경우 (2013년 이후)

- 2년물 일본국채로 계산한 실질금리
- 10년물 일본국채로 계산한 실질금리
- 10년물 물가연동국채로 계산한 실질금리

출처: 블룸버그

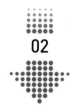

돈이 가치의 보존 기능을
잃는다면?

통화의 3기능에
물음표가 붙는다

• • •

경제학 교과서에서는 통화의 기능으로 '가치의 척도', '결제수단'과
함께 '가치의 보존수단'을 들고 있다. 마이너스 금리 하에서는 이
세 번째 기능에 물음표가 붙는다.

명목금리가 마이너스 1%가 됐다고 하자. 1만엔을 예금하면 100
엔의 마이너스 금리 때문에 이듬해 예금액은 9900엔으로 줄게 된

다. 그 100엔이 수수료라는 명목이라면, 100엔에 소비세가 붙어 예금액은 더욱 줄어 버린다. 한편 그것이 마이너스 금리라면, 서비스를 받고 있는 것이 아니라 소득이 줄고 있는 것이니 역으로 세금은 돌려받아야 한다. 투자에 있어 원금보장이라는 개념이 근본부터 무너진다.

앞서 이야기한 것처럼 실제로 독일과 스위스의 몇몇 은행에서는 고액예금에 대해 수수료를 징수하는 사례도 나오기 시작했다. 예컨대 도이츠스캇 은행이라는 지방은행은 2014년 10월부터 50만유로(약 730만엔) 이상의 예금에 대해 마이너스 0.25%의 금리를 적용하게 됐다고 보도되었다. 예금을 모아도 수익이 얻어지는 운용처가 없다면 마이너스 금리라도 ECB에 초과준비로서 놓아두지 않으면 안된다. 은행 입장에서 금리를 치르고 예금을 모을 인센티브가 없어져 버린 것이다.

확실히 1%씩 줄어들어 가는 예금을 앞에 두고 '그럴 바엔 써버려!'라며 써버릴 것인가, 또는 '막 써버려서 내년에 5000엔 밖에 안 남는 것보다는 9900엔이라도 있는 편이 낫다'며 보존할 것인가, 두 종류의 사람이 있을 것이다. 전자가 많으면 소비는 촉진되겠지만 후자가 많으면 반대가 된다. 다만 '써버리는 소비'가 왕성해졌다고 해도, '쓰지 않으면 손해니까'라는 일종의 협박적인 모드에서 이뤄지는 소비는 '사고 싶은 물건을 산' 소비에 비해 만족도가 훨씬 낮고, 미래에 대한 대비가 없어지는 것에 대한 불안도 쌓인다.

이때 인플레율이 어떤 수준인지에 따라 가치감소의 진짜 의미가 달라진다. 즉 명목금리가 마이너스 1%라도 물가가 1% 하락했다고 하면, 실질적인 감소는 없다. 만일 물가가 2% 하락했다면 감소는 커녕 실질액 증가다. 물가가 변화하지 않았더라도 금리가 마이너스 1%인 상황과 물가가 2% 상승하고 금리가 플러스 1%인 상황은 실질적으로는 같은 셈이긴 하다. 그렇다면 마이너스 금리라는 현상 자체를 특별취급할 필연성은 없을지도 모른다(도표3-3).

그러나 실제는 금리가 마이너스이고 인플레율은 그보다 더 마이너스가 되는 경우가 그리 간단히는 발생하지 않을 것이다. 왜냐하면 금리의 저하는 통화 약세로 이어지고, 통화 약세는 인플레로 이어지기 쉽기 때문이다.

2012년말 이후, 달러 대비 80엔 가까이까지 진행됐던 엔고가 엔저로 돌아섰다. 당초에는 유럽 재정위기가 수습된 것을 계기로 과도한 엔고가 수정되는 면이 컸다. 그러나 그 후의 엔저는 일본은행의 '실질금리 저하정책'에 힘입은 면이 클 것이다. 구로다 총재가 '일본은행의 양적·질적 금융완화는 "실질금리의 저하를 통해" 설비투자, 개인소비, 주택투자 등의 민간수요를 촉진하는 것이다''명목금리가 이미 낮은 상태이므로 인플레율을 올림으로써 실질금리를 낮춘다'(2013년 8월 강연)라고 했던 정책이다. 실제로 일본의 CPI는

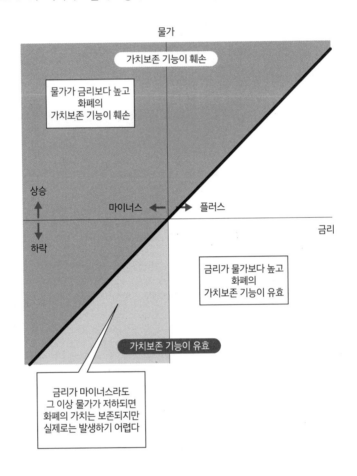

물가

가치보존 기능이 훼손

물가가 금리보다 높고
화폐의
가치보존 기능이 훼손

상승
↑
↓
하락

마이너스 ← → 플러스

금리

금리가 물가보다 높고
화폐의
가치보존 기능이 유효

가치보존 기능이 유효

금리가 마이너스라도
그 이상 물가가 저하되면
화폐의 가치는 보존되지만
실제로는 발생하기 어렵다

2013년 이후 플러스권에 들고 2014년의 소비세 증세 전까지는 1%
대 전반까지 상승하기도 하는 등, 실질금리의 저하와 엔저를 통한
물가상승이 발생했다.

이처럼 금융완화는 통화 약세로 이어지기 쉽고, 결과적으로 수입물가가 상승함으로써 인플레 정책이 될 수도 있다. 인플레라고 하면 부정적인 느낌일지 모르나, 디플레 탈각이 곧 인플레다. '리플레Reflation'라는 말은 그런 부정적인 느낌을 완화시켜주는 말일 뿐이다.

엄밀히 말해 통화 약세로 이어지는 것은 실질금리지만 인플레율이 변화하는 속도는 금리가 변화하는 속도보다 느리다. 그 점에서 명목금리 저하가 실질금리 저하로 직결돼 통화 약세로 이어진다. 따라서 명목금리가 마이너스 1%인 데다가 물가가 2% 하락하고 있는 상태는 본래 공존하기 쉬운 조합은 아닐 것이다. 그렇기 때문에 현재 ECB가 정책금리를 마이너스로 둠으로써 디플레를 막을 수 있다고 여기고 (또는 적어도 희망하고) 있는 것이다. 명목상의 마이너스 금리 상태로는 실질금리도 마이너스에 빠지기 쉽다는 점에서 돈의 가치보존 수단 기능은 약화된다.

빚을 내면
'공짜 점심'을 먹을 수 있을까?

마이너스 금리로 빌린 돈을 맡겨도
마이너스 예금 금리로 상쇄

● ● ●

만일 마이너스 금리의 결과 돈의 가치보존 기능이 약화된다면, 반대로 공매도를 하면 이익이 된다. 즉, 마이너스 1%로 돈을 빌릴 수 있다면 1만엔을 빌리면 1만 100엔이 되어 돌아온다. 그렇다면 빚을 내 버리면 되는 게 아닌가 싶다. 덴마크에서는 마이너스 금리의 주택대출도 등장했다. 그러나 빌린 1만엔을 어떻게 하겠는가. 은행에 예금하면 마이너스 금리가 매겨져 버리니 결국은 상쇄되어 버린다. 은행업이 성립되기 위해서는 대출금리 쪽이 예금금리보다 높지 않으면 안된다. 마이너스 1%로 빌릴 수 있을 때 예금금리는 마이너스 1.5%가 된다. 결국 마이너스 금리로 돈을 빌려도 차입금리와 예금금리의 차를 은행에 지불하게 돼 공짜 점심은 없다.

이번에는 빌린 1만엔을 그냥 먹고 마시는 데 써버렸다 치자. 그러면 확실히 변제할 금액은 9900엔이면 되지만, 갚지 않으면 안 된다는 사실은 변함이 없다. 즉, 약간의 '디스카운트' 이상의 의미는 없는 것이다. 하지만 9900엔을 갚기 위해 또 빚을 지면 된다. 그러면 다음해엔 9801엔을 갚으면 된다. 그 다음해 변제액은 9703엔으로 줄어든다. 물론 신용리스크를 무시한 이야기지만, 마이너스 금리로 계속 빌려가면 당초 1만엔의 대출이 50년 후에는 6000엔(=0.99의 50승)이 된다. 그렇게 대출을 계속해 가면 빚은 점점 줄어들어 마지막에는 갚지 않아도 된다는 논리가 성립한다.

그러나 50년이라는 세월은 의외로 길다. 대출승계형으로 해야 하는데, 단순히 먹고 마시기 위해 낸 빚을 자녀가 승계해 줄 것인가. 마이너스 2%라도 50년에 6할밖에 줄지 않는다. 생각보다 많이 줄지 않는 인상이다. 이 장의 처음에 생각한 것처럼 여차하면 장롱예금으로 돌릴 수 있는 상황에서 마이너스 금리가 2%이상이 되기 어렵다고 한다면, 통상 사람이 살아서 활동하는 기간 내에 완전히 갚지 않아도 되는 것은 아니다. 그럼에도 변제액이 줄어든다고 하는 점에서는 이득이긴 하다. 그렇다면 마이너스 금리란 것은 돈을 빌려주는 사람으로부터 빌리는 사람으로의 소득이전과 같다. 그렇게 되면 빌려주는 사람 쪽에서 '그냥 써버리자'는 소비만 촉진될 수도 있다.

마이너스 금리라면
주택을 사는 게 이득인가?

● ● ●

마이너스 1%로 빌린 돈을 예금이나 소비가 아니라 주택 등의 실물투자로 돌리는 일도 가능하다. 고정자산세나 마모분(감가상각) 등의 유지비를 고려해도 수익(집세)이 있으면 대출 변제의 원자原資가 생긴다. 유지관리를 제대로 해서 주택이 50년 가는 경우를 생각하면, 마모 비용은 '50분의 1(=2%) 더하기 유지관리비'가 기준이 될 것이다. 여기서는 내용연수를 보수적으로 40년으로 잡아 마모비용을 2.5%(40분의 1)로 가정한다.

그러면 차입금리(마이너스 1%)＋유지비(2.5%)의 합계인 1.5%가 집세보다 싸면 주택을 사는 편이 득이 된다.(도표3-4) 주택의 가격이 3000만엔, 집세를 5만엔이라 하면, 1.5%의 1개월분은 3만 7500엔

| 도표 3-4 | 마이너스 금리라면 주택을 사는 편이 이득!?

맨션 3000만엔

● 마이너스 금리의 대출로 사는 경우　　　　　● 빌리는 경우

· 대출금리　　　　▲1%　⋯　30만엔
(마이너스　　　　1개월당　⋯　2.5만엔
금리라서 수취)

· 유지비　　　　　2.5%　⋯　75만엔
　　　　　　　　1개월당　⋯　6.25만엔
_____

· 차감(지불액)
　　　　　　　　1개월당
　　6.25만엔 - 2.5만엔　⋯　3.75만엔　　<　　집세 1개월당 5만엔

사는 편이
이득

● 금리 0%로 살 경우　　　　　　　　　　● 빌리는 경우

· 대출금리　　　　0%　⋯　0엔

· 유지비　　　　　1개월당　⋯　6.25만엔
(위의 예와 동일)

· 차감(지불액)
　　　　　　　　1개월당
　　6.25만엔 - 0엔　⋯　6.25만엔　　>　　집세 1개월당 5만엔

사지 않는 편이
이득

이므로, 5만엔의 집세보다 싸므로 득이 된다. 그러나 만일 금리가 0%였다고 하면 유지비 2.5%가 고스란히 들게 돼, 매월 주택비용은 6만 2500엔이 된다. 따라서 주택투자는 하지 않는 편이 낫다는 판단이 설 것이다. 이런 의미에서 마이너스 금리는 분명히 투자를 촉진할 것이다. 구로다 총재가 말하는 '마이너스의 실질금리는 민간 수요를 늘린다'는 주장이 일단은 옳다.

주택은 사는 편이 이득이라는 일반적인 이미지가 있다면 그것은 보이지 않는 비용인 마모를 의식하기 쉽지 않기 때문이다. 아파트에는 수선적립금이 있어서 그것이 어느 정도는 가시적인 비용이 되고 있지만, 단독주택 소유자의 경우에는 더 의식하기 어렵다. 또한 이 수치는 어디까지나 예일 뿐이기 때문에 다양한 패턴이 있고, 이런 일례로 마이너스 금리의 영향을 설명할 수 없다고 생각하는 독자도 많을 것이다.

다만 수치예임에도 불구하고 흥미로운 포인트가 하나 있다. 그것은 이 실물투자의 계산을 잘 보면 같은 마이너스 1%의 차입금리일 때 주택의 내용연수가 길면 길수록 유리하다는 것이다. 이것은 주택의 코스트를 내용연한으로 나눠 마모비용(유지비)을 계산하기 때문이다. 이 예에서는 내용연수를 40년으로 잡고 있기 때문에 1년당 마모비용은 2.5%로 끝난다. 그러나 내용년수가 20년으로 절반이 되 버리면, 같은 1년당 마모비용은 5%로 배가 된다.

이렇게 유리한 투자를 '장기보유하는 투자'라고 한다면 실물투자가 유리하면 할수록 다음의 투자수요는 멀어져 버린다. 집은 한 번 사버리면 다음 수요는 당분간 없다. 이것은 금리가 마이너스인가 아닌가는 상관없이, 투자 자체에 관한 일종의 역설이다. 왕왕 투자장려책이라며 조기 상각償却을 인정하곤 하는데, 상각을 끝내고 '자, 이제부터 본전을 뽑아야지'라고 생각할 때 투자가 다시 일어나리라고 기대하는 모양이다. 그렇다고 한다면 투자라기보다 소비에 가깝다.

중요한 것은 마이너스 금리 때문에 실물투자가 촉진된다고 해도, 그것이 초장기적인 상황이라면 어딘가에서 상쇄되어 버린다. 소비세 증세 전의 사재기 수요와 그 반동과도 비슷하다.

그렇게 생각하면 마이너스 금리를 이용해 득을 보는 투자는 미시적인 베이스에서는 가능하지만 거시적으로 사회전체, 특히 세대를 초월해 생각하면 다른 요소와 상쇄되어 버린다. 아마 마이너스 금리가 가장 효과를 발휘하는 대상은, 돈을 빌릴 수 없다면 사려고 생각하지도 않는 것 중에 내용년수도 그다지 길지 않아 교체 수요가 꽤 잦은 주기로 발생하는 것일 듯하다. 간단히 연상되는 것은 자동차가 아닐까. 그러나 자동차 대출의 마이너스 금리는 자동차의 실질 가격 인하에 한없이 가깝다. 그렇다면 마이너스 금리가 디플레 탈각에 효과를 발휘하기는커녕, 형태를 바꿔 디플레로 변신할 가능성이 크다.

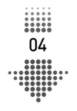

04

현재가치와 미래가치가
역전된다

0.8잔의 맥주를 다음 주에 마실 수 있다면
지금 1잔을 포기할까?

● ● ●

금융에서 기본적 개념으로 '할인현재가치'라는 것이 있다. 간단히
결론을 말하면 플러스 금리의 세계에서 지금의 100엔은 미래의
100엔보다 가치가 높다는 것이다. 마이너스 금리의 세계에서는 이
것이 반대가 된다. 지금의 100엔은 미래의 100엔보다 가치가 낮
다. 앞에서 설명한 것처럼 돈을 빌리고 갚는 액수가 줄어드는 상

황이 되는데, 이것을 금융용어로 말하면 '현재가치가 증가한다'가
된다.

현재가치에 대비해 미래가치라는 말도 있다. 이것은 현재가치를
역방향에서 보고, '현재 1단위의 소비를 포기하는 것과 같은 효용(=
만족도)을 얻기 위해서는 미래 1플러스 몇 단위의 소비가 있어야 하
는가'를 나타내는 수치다. 소비가 명목액수(가령 100엔)로 정의되어
있다면 명목금리로의 할인, 재화의 단위(가령 맥주 1잔)로 정의되어
있다면 실질금리로의 할인이 된다.

'할인한다'라는 행위는 수표를 할인할 때에도 일어나는 일상적인
행위다. 할인율이라고 하면 일반적으로는 별로 듣지 못하는 말일
지 모르지만, 요컨대 금리를 말한다. 수식적으로는 할인현재가치는
미래의 가치에 할인계수를 곱함으로써 구해진다. 할인계수의 식은
간단하므로 확인하면 1÷(1+금리)가 된다. 금리가 플러스라면 할

| 도표 3-5 | 할인현재가치의 이미지

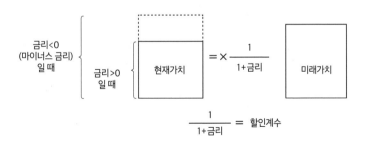

인계수는 1보다 작아지는데, 이는 '미래에 1을 소비하는 대신에 현재에 소비한다면 1보다 적어도 좋다'고 하는 할인현재가치를 의미한다. 영어로는 타임 밸류 오브 머니$^{time\ value\ of\ money}$라고 한다. 금리가 1%라면 1년의 할인계수는 거의 0.99%, 10년이면 할인을 곱셈으로 10회 반복하는 복리계산을 하므로 0.99의 10승=0.905가 된다(도표3-5).

실질금리가 마이너스인 세계에서 할인한다는 행위를 생각하면 직감적으로 기묘한 일이 발생한다. 우선 실질금리가 플러스인 세계에서는 '지금 맥주를 1잔 마실 수 있다면 다음 주는 1.2배의 맥주를 포기해도 좋다, 그 정도로 지금 맥주를 마시고 싶다!' '지금 1잔의 맥주를 포기하라고 한다면 다음주에는 1.2잔 마셔야 섭섭하지 않다'고 생각한다. 이 현재가치와 미래가치의 대소관계가 마이너스 금리라면 반대가 된다.

마이너스 실질금리의 세계에서는 지금의 1잔의 맥주와 다음 주의 0.8잔의 맥주가 등가다. 즉, '다음주 0.8잔의 맥주를 마실 수 있다면 지금 1잔의 맥주를 포기해도 좋다'는 것이다. 물론 일기예보에서 다음 주는 매우 더워 맥주 먹기 좋은 날씨일 거라고 했다는 억지 설정은 없다고 치자. 그럼에도 불구하고 '다음 주' 정도라면 아직 현실감이 있지만, 할인이 연단위가 되어 버리면 혹시라도 죽고 난 뒤라 맥주를 영영 못 마실지도 모른다. 당신이라면 그런 미

래의 소비와 현재 소비의 등가 교환을 받아들일 수 있을까? 일본은
행이 실질투자를 촉진한다며 장려하고 있는 마이너스 실질금리 세
상에서는 이런 일이 일어난다.

이 책에서는 마이너스 금리의 대소를 말할 때 '마이너스 폭이 확
대(또는 축소)'라는 답답하지만 오해가 없는 방식을 택하고 있다. 아
무래도 머릿속에 마이너스 금리는 정상이 아니라는 무의식이 있기
때문이다. 만일 마이너스 금리가 당연한 세계가 되어 버린다면 마이
너스 폭이 확대됐을 경우 주저없이 '금리가 상승했다'고 할 것이다.
그렇게 되면 '금리가 상승하면 현재가치는 늘어나는' 셈이 된다.

주가는
무한대가 될까?

• • •

자본은 미래의 수익을 창출하는 '원본'이다. 자본의 형태 중에 주식
회사를 전제로 하는 주식이 가장 일반적이다. 토지나 건물 등의 부
동산이나 실물자산도 수익을 창출하는 원본이지만, 주식으로 자금
을 조달해 그 자금으로 살 수도 있으므로 원본을 주식에 집약해도
무방하다. 그 주식가치는 금리와 깊은 관계가 있다.

주식은 눈앞의 거래소에서 거래되고 있기 때문에 그 가격을 가

치라고 보아도 틀림없다. 그러나 금융에서는 한발 더 나아가 주가가 미래의 수익을 반영한 결과라고 본다. 이런 사고방식을 편입시킨 모델은 DDM^{Divided Discount Model}(배당할인모델)이라는 이름으로 소개되고 있다.

예컨대 A사의 주식이 1500엔이라고 하자. 1500엔을 지불하고 1주를 손에 넣는다는 것은 향후 A사 수익의 1주 분의 배당이 자신의 몫이 된다는 얘기다. 미래의 수익은 최종적으로는 배당된다고 생각하면, 수익과 배당을 거의 같은 뜻으로 취급할 수 있다. 따라서 DDM에서는 수익이 아니라 배당을 사용해 계산한다. A사의 미래 수익은 알기 쉽게 매년 50엔이라고 가정한다. 이 50엔을 미래에 걸쳐 계속 받을 수 있는 대가로서 1500엔을 지불한다. 물론 미래의 수익은 변동하는 것인데, 50엔을 장기적인 평균치로 생각하면 된다.

장래의 50엔과 현재의 50엔은 단순히 덧셈을 할 순 없다. 미래의 50엔에 1/(1+할인율)로 결정되는 할인계수를 곱해, 미래의 50엔을 현재가치로 고쳐야 비로소 덧셈할 수 있다. 그 합계가 1500엔이 되는 것이다.

회사의 수익을 할인하는 할인율을 얼마로 할지는 꽤 어려운 문제다. 할인율은 평면적으로 말하면 '이만큼 벌어주세요'라는 수익률로, 주주로서는 비즈니스 리스크에 상응하는 수준을 요구한다.

회사는 '계속기업$^{Going\ Concern}$'이라는 사고방식에 근거해 기한이 정해지지 않은 존재로 본다. 따라서 미래의 50엔을 현재가치로 할인해 끝없이 더해준다는 논의가 허용된다.

금융과 같은 실학의 세계에서 '전망하기 어려운 미래의 현금흐름을 영원히 더해도 좋을까?'라는 의문은 자연스런 것이다. 그러나 끝없이 더해가도 금리가 플러스라면, 즉 할인계수가 1보다 작다면, 현재가치의 합계는 하나의 값에 근접해 가는 것을 볼 수 있다. 간단히 이미지를 그려본다면 내년의 가치, 내후년의 가치, 그 다음해의 가치를 더해갈 때에 조금씩 추가하는 가치가 줄어가기 때문에 주가가 미래수익의 할인현재가치의 합계로서 하나의 값으로 수렴

| 도표 3-6 | 주가는 어떻게 결정되나

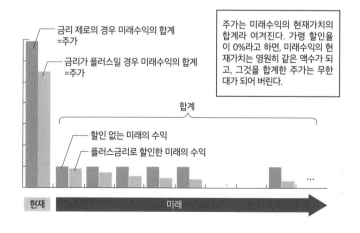

3장 기존의 상식을 뒤집는 마이너스 금리의 세계 ● **153**

하게 된다(도표3-6).

주가와 수익과
금리의 삼각관계

• • •

계속해서 A사의 예로 생각해 보자. 매년 50엔의 수익을 어떤 할인율로 끝없이 할인현재가치로 고쳐서 합계했을 때 주가가 1500엔이 되기 위해서는 할인율이 3.3%여야 한다. 결국 50엔은 할인계수=1/1.033(≒약 0.97)의 속도로 작아져가지 않으면 합계가 1500엔으로 수습될 수 없다는 말이기도 하다. 합계가 1500엔 이상이라면 그 주식은 사는 게 이득이므로 모두가 살테니, 더 이상 이득이 아니게 될 때까지 주가가 올라갈 것이다. 역으로 1500엔 이하라면 그 주식은 갖고 있어도 별수 없으므로 매각하는 사람이 나오게 되고, 갖고 있어도 수지가 맞는 수준이 되기까지 주가는 내려갈 것이다. 이것은 주가에 적용되는 '재정裁定'의 프로세스라고도 설명할 수 있다.

이렇게 미래 수익과 할인율과 주가는 삼각관계에 있다. 주가와 미래의 수익이 결정되면 양자의 균형을 맞추는 할인율이 결정되고, 미래의 수익과 할인율이 정해지면 주가가 정해진다. 할인율이 낮으면 할인계수는 커지기 때문에 미래 수익의 할인현재가치로서의 주가는 높아진다. 도표3-6은 도표3-7과 같이 단순화할 수 있다. 고교수학에서 배우는 등비수열의 합을 사용하면 이 관계가 단순한 이미지가 아니라 실제로 그렇게 되는 것을 확인할 수 있다. 주가에 대해 수익은 분자, 금리는 분모의 위치에 있는 것이다.

금리가 떨어지면 주가가 오른다고 하는 관계는 '돈을 싸게 빌려 주식을 살 수 있기 때문'이라고도 설명된다. 틀린 말은 아니지만 부족한 설명이다. 이 삼각관계를 사용해 설명을 보충하자면, '금리가 내려가도 기업수익은 변화하지 않는다고 한다면, (이 전제가 중요) 미래의 수익이 현재가치로 크게 평가되기 때문'이라고 할 수 있다.

이 삼각관계 속에서 잘 보이지 않는 금리(할인율)에 대해서는 잊어버리기 쉽다. 때문에 주가의 상승 또는 하락 요인으로서 제일 먼저 수익이 주목받기 쉽다. 언론에서 '주가가 상승하고 있는 것은(경기가 좋아서) 기대수익이 상승하고 있기 때문'이라는 보도를 곧잘 듣게 되는데, 이는 전형적으로 그 삼각관계의 일부만이 주목받기 쉽다는 것을 보여주고 있다.

금리 저하를 통한 주가의 상승경로는 미래수익이 같아도 현재가치로서 높이 평가된다는 의미에서 '밸류에이션(=평가)'의 변화에 따른 주가변화라 불리고 있다. '밸류Value'란 가치를 의미하는 영어지만, '밸류에이션'은 가치를 평가한다는 의미다. 일반적으로 '금리가 떨어지면 기업이 차입을 늘려서 더욱 비즈니스를 확대한 결과 수익이 늘고 주가도 상승한다'고 보는 경우도 있을 것이다. 그러한 경로도 분명히 있겠지만 반드시 수익이 늘어나는 필연성이 있는 것은 아니다.

사실 도표3-7에서 표시한 주가의 금리 감응도는 지극히 높다. 예컨대 금리가 6%에서 3%로 절반이 되면, 주가는 배가 된다. 6%의 금리가 3%가 되려면 그 중간에 상당한 프로세스를 요하지만, 2%의 금리가 1%로, 또 1%의 금리가 0.5%가 되는 것은 상대적으로 일어나기 쉽다. 10년물 국채 금리는 2011년부터 2013년에 1%에서 0.5%까지 실제로 떨어졌다. 물론 국채 등의 금리가 일일이 주가에 반영되어 눈앞의 주가가 오르내리는 것은 아니다. 금리(분모)의 변화로 변동하기 쉽다는 것이 중요하다. 즉 주가의 변동이 커지기 쉽다는 말이다.

| 도표 3-7 | 주가와 금리와 수익의 삼각관계

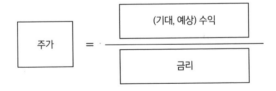

마이너스 금리가 되면
주가 모델은 붕괴되나

● ● ●

앞서 이야기한 대로 금리가 떨어지면 수익이 변하지 않아도 주가는 상승한다. 금리가 0%를 깨고 마이너스가 되면 미래 수익의 현재가치는 더욱 늘어 주가 상승에 박차가 가해진다. 따라서 '계속기업'을 전제로 한 모델에서 주가는 발산해 무한대가 된다는 꿈같은 결론이 나와 버린다!

주가발산 가설에 대한 하나의 반론으로 '금리는 마이너스가 되더라도 기업에 요구하는 수익은 마이너스가 되지 않을 것이다'라고 할 수 있다. 다시 말해 '기업에는 비즈니스 리스크가 있으므로 금리 플러스 알파로 할인계수를 계산해야 한다'라는 의미다. 그렇게 하면 기업수익을 현재가치에 적용할 때의 할인계수는 계속 1보다 작은 값이 되므로 주가는 무한대로 발산하지 않는다.

그러나 금리가 자꾸 마이너스가 되면 금리와 리스크 프리미엄의 합계가 언제까지 플러스일 수 있을까. '금리의 마이너스 폭이 확대되어도 그것을 상쇄할 만큼의 비즈니스 리스크에 대한 요구분이 늘어 기업수익은 플러스'라는 강한 근거가 있어야 한다. 만일 그런 근거가 있다고 하면 금리는 마이너스지만 주식의 수익은 플러스라는 불균형한 세계가 탄생하게 된다. 수익을 벌기 위한 '원본'이라는 의미에서는 주식도 빚(부채)도 마찬가지로, 양쪽 다 재무상태표의 부채 쪽에 기재된다. 그러나 같은 원본이면서도 금리와 주식에 대한 수익이 부호조차 다를 정도로 대우가 다르다는 것은 부자연스럽고, 장기적으로 지속가능한 모양새라고 볼 수는 없다.

버블은 꺼진다
• • •

주가가 무한대가 된다는 표현은 소위 '버블'이라는 단어를 연상시킨다. 버블은 근거 유무에 상관없이 사람들이 '가격이 오른다'고 기대함으로써 실제로 가격이 상승해 버리는 상황을 거품이 부푸는 모양에 비유한 것이다.

버블은 현재가치라는 관점에서도 설명된다. 오키나 구니오의 『기대와 투기의 경제분석』(동양경제신보사, 1985)이라는 책은 일본에 이런 테마에 관한 문헌이 거의 없던 시절에 일본어로 쓰여진 버블의 고전과 같은 책이다. 1985년의 플라자합의 이후 주가 버블이 발생하기 전에 쓰여진 책으로, 비교적 순수한 이론적 틀에서 버블을 설명하려고 하고 있다.

그 책의 3장에 나오는 '합리적 기대 모델을 이용한 버블 이론'을 인용하겠다. 자산가격은 '미래의 어느 시점에서 가치가 펀더멘털과

X만큼 괴리된다고 하는 기대가 생긴 경우, 현시점에서의 그 가치는 X의 현재가치분 만큼 상승하고, 미래에 접근할수록 X가 자기실현한다'는 메커니즘을 소개하고 있다.

이 메커니즘을 저자의 수치예를 사용해 살펴보겠다. 우선 5만엔의 주가가 매겨져 있는 주식을 가정한다. 여기서 5년 후의 주가가 10만엔이 된다고 하는 '계시'가 있고, 사람들이 그것을 믿었다고 치자. 그러면 주가는 갑자기 10만엔이 되는 것이 아니라 5년 후의 10만엔을 현재에 적용한 액수로 주가가 점프하는 것이다. 가령 금리가 2%였다고 한다면,

$$100{,}000 \times 1 / (1+0.02)^5$$

약 9만엔으로 뛰는 것이 합리적인 버블의 발생이다. 그로부터 1년 지나면 버블이 할인계수 분만큼 (1.02배) '성장'해서 9만 2000엔이 된다. 다음해는 또 1.02배로 성장해 9만 4000엔이 되는 식이다. 즉 할인계수의 1년분이 떨어져, 그만큼 미래가치인 10만엔에 근접해가는 것이 버블팽창의 자기실현의 과정이 된다. 계시가 꿈이었다고 깨닫기까지, 버블로 인해 기대가 자기실현 되어가는 메커니즘이다.

이때 금리가 마이너스라면 어떻게 될까. 애초에 금리가 마이너스

라면 이미 현재의 주가가 무한대가 되므로, 지금보다도 비싼 주가로 점프하는 것은 물리적으로 불가능하게 보인다는 모순에는 우선 눈을 감기로 한다. 하지만 현재 주가에서 할인계수의 1년분씩 빠지는 만큼, 미래가치에 접근한다는 것은 버블이 꺼져가는 일이 된다. 직전에 소개한 '내년의 0.8잔의 맥주와 지금의 1잔의 맥주를 등가 교환한다'는 것과 비슷한 기묘한 일이 일어나는 것이다.

'말도 안되는 일'이라며 본능적으로 받아들이기 힘든 느낌이 든다. 그러나 마이너스 금리란 그 정도로 금융의 사고방식 전체를 뒤집어 버린다. 이차원 완화로 발단된 마이너스 금리의 발생은 언젠가 이런 것을 진지하게 생각하지 않으면 안 되는 '체제regime' 붕괴를 시사하고 있다.

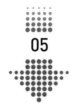

05

빌리는 것도 투자,
빌려주는 것도 투자

마이너스 금리인 유럽에서
채권 발행이 늘지 않는 이유

• • •

금리가 마이너스라면 돈을 빌려서 투자하는 쪽에게는 이득이다.
한편 돈을 빌려주는 쪽에서 보면 반대기 때문에 양쪽을 이어주는
일은 사실 그다지 간단한 문제가 아니다.

　일례로 유럽에서는 정책금리가 마이너스가 되고부터 국채 금리
도 마이너스로 유도되었다. 그에 수반해 사채 금리도 떨어졌기 때

문에 돈을 빌리고 싶은 기업 입장에서는 고마운 상황이 됐다. 그럼에도 불구하고 2014년 여름 이후 금융기관을 비롯한 많은 유럽 기업들이 일본에서 엔화 표시 채권 발행을 늘렸다. 이것이 '사무라이 본드'라고 불리는 것이다. 사무라이 본드의 발행주체는 엔 자금이 필요하지 않으므로 채권을 발행해 조달한 엔 자금을 통화 스왑을 통해 필요한 통화로 교환하고 있다. 본가인 유럽에서 기업이 돈을 빌리기 쉽도록 모처럼 마이너스 금리가 되었는데, 구태여 일본에 돈을 빌리러 오는 것은 왜일까.

그것은 아마 자금 수요와 공급의 링크가 마이너스 금리로 인해 끊겨 버렸기 때문이 아닌가 싶다. 즉, 마이너스 금리 환경에서 기업은 돈을 빌리고 싶지만, 마이너스 금리로 돈을 빌려주려는 투자가는 그리 많지 않은 것이다. 그러니 굳이 일본에 채권을 발행하러 오는 것이 아닐까. 결과적으로 유럽 기업이 유럽의 마이너스 금리 혜택을 누리지 못하고 있는 꼴이다.

지금까지 언급한 '유동성의 함정' 개념과 장롱예금의 존재는 '돈을 낮은 금리로 빌려줄 바에야 그냥 놔두는 편이 낫다'고 하는, 돈을 빌려주는 쪽의 입장이 내포되어 있다. 금리가 너무 낮다, 또는 0%라면 굳이 돈을 빌려줄 것도 없다고 보는 경제행동이 늘어나면 모처럼 금리를 내려 실물경제를 자극하려고 해봤자 소용없어진다. 그런 의미로 '함정'라는 표현이 매우 적절하다. 빌리는 것도 투자,

빌려주는 것도 투자, 양쪽의 니즈가 맞을 때에만 전체 투자가 늘어나게 된다.

마이너스 금리는
인플레 택스와 닮았다

● ● ●

마이너스 금리로 인해 현재의 100엔이 확실히 99엔이 된다고 한다면, 이것은 인플레와 실질적으로 같은 상황이다. 현재의 100엔이 내년에도 있다고 해도, 물가가 확실히 1% 상승해 있는 상황과 구별할 수 없다. 이미 2장에서 다뤘듯이 금리가 플러스라도 인플레가 그보다 높으면 이미 인플레 택스라고 할 수 있다. 마이너스 금리라면 거의 확실히 인플레 택스와 같은 경제효과를 가진다.

경제학적으로 세금의 반대는 보조금인데, 마이너스 금리는 자금을 제공하는 사람에게 과세하고, 빌리는 사람에게 보조금을 주는 정책적 구조라고도 할 수 있다. 독일 경제학자 실비오 게젤(1862~1930년)은 마이너스 금리를 연구하면서 처음부터 화폐에 대한 과세수단으로서 마이너스 금리를 파악하고 있었다. 지금까지 본장에서는 마이너스 금리 때문에 '돈의 가치보존 기능이 손상된다'는 것을 놀라운 눈으로 바라봤다. 그러나 게젤의 이러한 감가화폐 발상은 애초부터 가치보존 기능을 훼손하는 것을 의도하고 있었다. 그 방법으로 현금에 인지를 붙이지 않으면 못 쓰게 하는 인지세를 고안하고 있다. 정말 그렇게 된다면 장롱예금도 속수무책일 것이다.

negative interest

4장

금융·경제의 침식은
은밀히 진행되고 있다

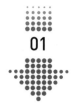

01

시장 메커니즘은
되살아날 수 있을까?

시장 메커니즘이 기능했던
시라가와 총재 시대

● ● ●

3장에서는 금리가 마이너스가 됐다는 가정 하에서 어떤 상황이 발생할지 상상해 봤다. 이번 장에서는 마이너스 금리가 실제로 현실의 시장에서 어떠한 작용을 하는지를 살펴보려 한다. 금리가 지금까지 바닥이라 생각했던 0%를 뚫어버린 것은, 시장 메커니즘이라는 관점에서 흥미로운 현상을 일으켰다.

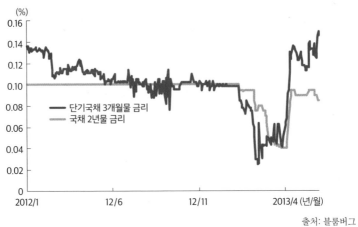

| 도표 4-1 | 초과지준부리가 금리 하한을 사수하던 시대의
단기국채 3개월물 금리와 국채 2년물 금리

출처: 블룸버그

일본은행의 시라가와 전 총재는 '시장 메커니즘을 지키는' 일에
어디까지나 매달렸다. 때문에 기자회견에서 몇 번씩이나 '초과준비
에 대한 부리를 인하할 예정은 없다'는 것을 호소했다.

그 시라가와 전 일본은행 총재 시대에 0.1%의 초과지준부리
는 상당한 기간에 걸쳐 단기금리의 바닥을 사수하는 역할을 해냈
다. 3개월 단기국채 금리는 아름다울 정도로 0.1%에 머물렀다. 국
채 2년물 금리가 0.1% 밑으로 내려간 것은 '일본은행이 초과지준
부리를 내리는 것이 아닐까'라는 우려가 번졌던 2012년 8~9월과
2013년 1~3월 정도였다. (도표4-1)

다만, 오버나이트 콜 시장에서 2010년 중반 부터 바닥이 빠진 것

처럼 금리가 0.1%의 초과지준부리 밑으로 떨어졌다는 것은 앞서 1장에서 언급했다. 오버나이트 금리가 바닥인 0.1%에 머물러 있던 때보다 소위 '시장 메커니즘'을 발휘하기 시작한 것이다.

시장 메커니즘이란 '가격이 움직임으로써 물자나 서비스의 수요자와 공급자 쌍방에게 거래가 타당해지는 구조'이다. '값이 싸니까 많이 사고 싶다'든지 '값이 싸니까 조금만 팔자'는 식으로 시장 참가자가 생각하고 행동한 결과, 쌍방이 납득한 가격과 양의 거래가 성립한다. 이 상황을 영어로 '마켓이 클리어한다'고 표현하는데, 살짝 기분 좋은 뉘앙스를 풍긴다. 여기서 '클리어'는 청산한다는 의미다.

도표4-2는 2011년부터 2012년의 오버나이트 금리와 일본은행의 당좌예금잔고를 그래프로 만든 것이다. 일본은행의 당좌예금잔고는 시장에서 유동성의 양을 나타내는 것으로, 1장에서도 참조했다. 당좌예금잔고는 국채가 3, 6, 9, 12월에 한꺼번에 상환될 때에 증가하는 식의 계절성이 있다. 그러한 변동도 포함해 당좌예금잔고(역눈금)가 증가하면 금리가 내리고 감소하면 금리가 상승한다는 관계가 비록 0.1%라는 작은 범위 안에서긴 하지만 확인 가능하다. 초과지준부리는 0.1%의 바닥이라는 역할을 잃어버렸지만, 0%는 아니라는 점에서 수급을 조절하는 시장 메커니즘 기능을 유지시켰다. 만일 초과지준부리가 0%가 되어버렸다면, 오버나이트 금리는 0%로 눌러앉아 버렸을 것이다.

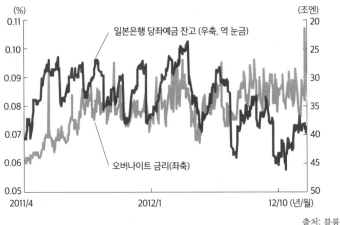

| 도표 4-2 | 시라가와 전 총재 시대의 오버나이트 금리와 일본은행 당좌예금 잔고

　많은 독자에게는 0.1%나 0.07%나 0.05%도 그다지 달라 보이지 않을지 모른다. 그러나 0.02%, 즉 2bp(베이시스 포인트)라는 것도 결코 무시할 수 없는 차이다. 2bp를 매월 2.5조엔 발행되는 2년물 국채의 1년분 이자로 환산하면 무려 5억엔의 차가 된다.

이차원 완화로 무너진
시장 메커니즘

● ● ●

2013년의 이차원 완화 이후, 오버나이트 금리와 당좌예금잔고의 관계는 살짝 불균형한 모양이 됐다. 도표4-3은 2013년 이후의 당좌예금잔고와 오버나이트 금리를 도표4-2와 똑같이 비교하고 있다. 2013년까지는 3, 6, 9, 12월말 등에 오버나이트 금리가 일시적으로 상승하는 현상이 있었다. 소위 기말의 자금을 확보하는 움직임이다. 그러나 이차원 완화가 침투해 온 2014년 이후의 기말 때는 금리가 하락하게 되어 계절성이 역전했다. 이제 고민은 '기말에 돈을 맡길 곳이 없다'는 운용난이다. 기말 이외에 있어서는 금리 변동이 지극히 한정적이라 자금의 수급 조정 역할도 못하게 되었다.

하지만 흥미로운 것은 기말의 운용난으로 일단 떨어진 금리가 이제 원래 수준으로는 돌아오지 못하게 됐다는 점이다. 도표4-3을 더욱 자세히 보면, 2014년 3월말에 오버나이트 금리가 0.07~0.08% 수준에서 0.05%까지 뚝 떨어진 후는 0.06~0.07%의 범위로밖에 돌아가지 못하고 있다. 2014년 9월말에는 0.03%까지 떨어졌는데, 그 후의 회복은 0.06%에 그쳤다. 확실히 유동성 증가로 금리가 단계적으로 떨어졌다는 점에서 시장 메커니즘은 남아 있었다. 그러나 그 메커니즘이 삐걱대고 있었던 것이다.

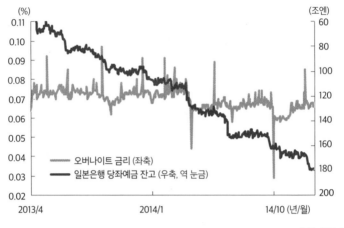

| 도표 4-3 | 2013년 이차원 완화 이후의 오버나이트 금리와 일본은행 당좌예금 잔고

오버나이트 금리 (좌축)
일본은행 당좌예금 잔고 (우축, 역 눈금)

2013/4   2014/1   14/10 (년/월)

출처: 블룸버그

초과지준부리 0%가 되어
시장 메커니즘이 회복한 유럽의 예

● ● ●

초과지준부리를 인하한 결과 양적완화는 축소됐지만 시장 메커니

즘이라는 점에서는 회복을 보인 예를 2013년 이후의 유럽시장에서

찾을 수가 있다. ECB는 2011년 말과 2012년 2월에 LTRO^{Long Term}

Refinancing Operation (장기대출프로그램)라는 양적완화 시책을 실시했다. 당

시 유로위기를 배경으로 유럽계 은행의 자금조달이 어려워지자,

ECB는 만기 3년의 장기자금을 ECB 대출금리로 빌려주기로 한 것

이다. ECB 대출금리는 통상 2주간의 단기 오퍼레이션에 적용하는

금리로, 이렇게 3년이나 되는 장기자금공급에 적용하는 것은 이례적인 조치였다. 하물며 당시에는 저금리로 장기자금을 빌릴 수 있다는 장점의 문제가 아니라 '빌릴 수 있다는' 자체가 중요했다.

시장 메커니즘의 중요한 요소 가운데 '돈을 더 많이 지불하면 빌릴 수 있다'는 것이 있다. 요컨대 어떤 리스크에 충분한 대가(프리미엄)를 지불하면 그 리스크를 부담하겠다는 사람이 나온다. 그러나 당시는 아무리 프리미엄을 지불해도 자금을 조달하는 것 자체가 지극히 어려운, 다시 말해 시장 메커니즘이 지극히 한정적인 상태였다. 때문에 유럽계 은행은 LTRO로 자금을 빌릴 수 있는 만큼 우선 빌려두자며 행동에 나섰다. 빌린 자금은 일단 ECB에 준비예금으로서 맡겨지므로 ECB의 총자산은 확대됐다.

이 대출 프로그램을 시행한 시점에 초과지준부리가 아직 0%는 아니었지만 당연히 ECB 대출금리보다 낮았다. 따라서 LTRO로 빌린 자금을 ECB에 맡기면 역마진이었다. 그럼에도 유럽계 은행은 '만일의 사태에 대한 보험비용'과 같은 의미로 그 역마진을 받아들이지 않을 수 없었다. 지나치게 빌린 자금은 인터뱅크의 오버나이트 시장에도 흘러들어, 거기서의 금리인 이오니아 금리까지 덩달아 떨어졌다.

그후 ECB의 초과지준부리는 2012년 7월에 0%까지 인하됐다. LTRO로부터 얼마 지나지 않아 초과지준부리를 0%로 정한 것이다.

당시로서는 그 후에 마이너스까지 인하한다는 인식이 없었기 때문에 '초과지준부리 철폐'라는 말을 썼다. 시라가와 총재가 사수하고자 했던 시장 메커니즘에 대해 ECB는 집착이 없는 걸까 싶기도 했다. 사실 유럽 재정위기 후 유럽에서는 은행간에 신용리스크를 상호로 취하기가 어려워져 이미 시장 메커니즘이 어느 정도 파괴된 상태였다. 그런 의미에서 초과지준부리를 0%로 함으로써 시장 메커니즘이 더욱 파괴된 것은 아니기에 초과지준부리 인하의 허들이 내려간 것이 아닌가 하는 견해도 있었다. 그러나 실제로 일어난 일은 시장 메커니즘의 회복이었다.

초과지준부리가 0%가 되자 '만일을 위해' LTRO로 자금을 빌리고 있던 금융기관의 역마진이 확대됐다. 때문에 2013년 이후 LTRO의 조기변제가 가능해지자 대출을 갚기 시작하는 금융기관이 늘었다. 물론 시장에서의 자금조달이 상대적으로 용이해진 것도 그 배경이 되기는 했다. 따라서 ECB의 재무상태표는 감소하고, 결과적으로 양적 완화는 축소됐다(도표4-4). 바꿔 말하면 민간은행 스스로 양적완화를 시한조치화하여 이오니아 시장으로 흘러가던 금융자금을 회수함으로써 이오니아 금리가 상승한 것이다(도표4-4). 이 점에서 초과지준부리를 0%로 인하한 것은 시장 메커니즘적으로는 바람직했다고 볼 수 있다. ECB 입장에서는 원래 양적완화 자체가 목적이 아니라 LTRO를 통해 금융기관의 자금융통을 완화하는 것

| 도표 4-4 | LTRO 시행 전후의 ECB의 재무상태표와 이오니아 금리의 동향

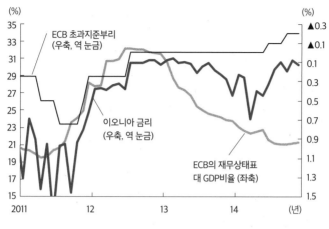

출처: 블룸버그 (원 데이터는 ECB)

을 중시했기 때문에, 이 양적완화 축소를 부정적으로 파악할 필요
는 없다.

시장금리 0% 부근은
양적완화 정책의 위험수역

● ● ●

2014년 12월, 일본국채 5년물 금리는 0.03%까지 떨어졌다. 마이너
스 금리까지는 아니었지만 0.1%의 일본은행 초과지준부리를 크게
밑돈 수준이었다. 나라에 0.03%로 돈을 빌려주는 것보다 일본은행

에 맡기는 쪽이 이율이 좋았던 셈으로, '일본은행에 돈이 모인다＝양적완화'의 인센티브는 높아졌다.

분명히 현재 0.1%의 초과지준부리를 전제로 하면 5년채 금리가 0.03%라면 일본은행에 돈이 모이기 쉬운 '양적완화 촉진 보너스'가 발생한다. 그러나 5년채 금리가 시황변화로 0.1%까지 상승하면 이는 간단히 없어진다. 5년채 금리의 변동폭을 생각하면 그것은 통상적으로 있는 일로, 실제 2015년 2월에는 0.13%까지 회복됐다. 5년채 금리가 초과지준부리보다 충분히 높은 영역에서 변동하고 있다면 그 변동이 준비예금(본원통화)의 잔고에 일일이 영향을 미치지는 않는다. 그러나 5년채 금리가 초과지준부리와 재정 대상이 되어버린 시점에서 만일 초과지준부리를 내려버리면, 본원통화를 일본은행의 장대한 목표에 맞춰 늘리는 일은 용이하지 않게 된다. 본원통화를 증가시키는 것이 얼마나 실물경제에 있어 중요한가는 제쳐두고, 당장 일본은행의 준비예금 목표는 2014년 말에 280조엔(GDP 대비 약 57%), 2015년에 추가로 80조엔 확대(추가로 약 16%)되어 실로 엄청난 규모다.

일본은행 입장에서는 매입 오퍼레이션으로 0.03%의 5년채를 구입해 그 대금(=준비예금)으로 0.1%의 금리를 지불하게 되면, 일본은행이 도중 매각하지 않는다는 전제 하에서 5년간 마이너스 0.07%의 역마진이 확정된다. 일본은행도 '경영의 주체'인 이상, 아무리 본원통화 증가라는 목표를 달성하기 위해서라고 해도 이런 역마진을 환영하지는 않을 것이다.

그러나 현실에서 일부의 국채 금리가 마이너스가 되어버렸고 그 범위가 확대된다면, 초과지준부리를 0%로 낮춰도 민간은행이 일본은행에 돈을 맡길 이유가 된다. 따라서 양적완화를 희생하지 않고 일본은행이 역마진을 해소할 수 있을지도 모른다. 일본은행에 그러한 동기가 생겨도 이상한 일이 아니다. 2015년 1월에는 이 논리가 새로운 초과지준부리 인하에 대한 기대를 형성했다.

만일 초과지준부리가 0%가 되면

• • •

만일 초과지준부리가 0%로 인하돼 시장금리도 거기에 연동되어 버리면 자금 수급량을 결정하는 시장 메커니즘이 없어져 버린다. '공짜라면 얼마든지 빌리겠다'고 할 수도 있다. 공짜라면 낭비해 버린다는 것은 자금에만 한정된 얘기는 아니지만, 그래도 뷔페식당 같은 경우에는 먹을 수 있는 양에 한도가 있다. 반면 서비스나 자금에 있어서는 물리적 제약이 보다 적다. 따라서 '공짜'의 영향이 커지기 쉽다.

그에 비해 금리는 움직이는 폭이 설령 0%에서 0.1% 사이라는 좁은 범위라도, '움직이고 있다'는 것에 의의가 크다. 이러한 움직임을 시장에 확보해 두는 것이 미래의 (이차원 완화로부터의) 출구전략의 성패를 좌우한다는 것이 시라가와 전 총재의 생각이었다.

2012년 ECB의 초과지준부리 인하가 시장 메커니즘의 회복으로 이어진 까닭은 양적완화, 즉 과잉유동성의 축소로 이어진 것이 크게 작용했다고 생각한다. ECB의 초과지준부리 인하 후 이오니아 금리가 0%에 수렴하지 않고 오히려 상승한 것은 일종의 긍정적 신호였다. 이는 당시 ECB의 양적완화가 대출의 형태를 띠고 있었고, 민간은행의 의사로 변제가 가능했기 때문이다. 하지만 일본은행과 같이 양적완화의 9할이 대출이 아니라 만기보유를 전제로 한 국채 구입에 의해 이뤄지고 있는 경우에는 보유국채가 상환되기까지 유동성은 흡수되지 않는다. 그러니 만일 일본은행이 초과지준부리 인하를 해도 2012~13년의 ECB처럼 양적완화가 의미 있는 수준으로 축소될 가능성은 낮을 것이다.

그러나 만일 초과지준부리가 0%로 인하되더라도 혹시 시장금리까지 마이너스가 될 수 있다면, '움직일 수 있다'는 점에서 오버나이트 금리가 초과지준부리를 밑돌았을 때처럼 시장 메커니즘이 회복되는 일도 있을 수 있다. 금리가 마이너스 0.1%일 때가 마이너스 0.05%일 때보다 자금의 수요(=빌리는 수요)는 늘고 자금의 공급(=빌려주는 수요)은 줄 것이다. 그런 경우에 한해서는 마이너스 금리가 사망할 뻔한 시장 메커니즘을 환생시키는 아이러니한 결말이 된다. 하지만 이 '부활 메커니즘'에서는 미래가치가 현재가치보다 작은 세계를 인정하는 왜곡된 상황이 발생한다는 점 또한 기억해야 할 것이다.

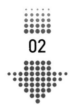

02

국채폭락 시나리오는
왜 실현되지 않을까?

소버린 리스크^{Sovereign Risk}(국가 부도 위기)의
시작

● ● ●

3장에서 살펴본 것처럼 금리가 마이너스가 되면 시간이 걸리기는
해도 빚은 자동적으로 감소해 간다. 그런 점에서 '마이너스 금리는
세상이 염려하는 일본의 소버린 리스크를 뒤처리하는 궁극의 수단
이 되 버린다'는 충격적인 주장이 있을 수 있다.

　최근 일본의 신용리스크(소버린 리스크)가 강하게 의식된 것은 유럽 채무위기의 영향을 받은 2009년경이었다. 일본 정부의 부채는 GDP 비율이 선진국 중에도 특히 높아서 200%를 넘어서 있다. 위기의 소용돌이에 처했던 그리스조차 160%, 이탈리아는 130% 정도다. 어느 정도는 통계 방식의 차이에 의한 부분도 있지만 어떻게 측정해도 일본의 부채비율은 두드러진다. '그리스, 이탈리아도 저렇게 문제가 되고 있는데 채무비율이 더욱 높은 일본은 괜찮은가'라는 소박한 의문이 소버린 리스크 우려의 발단이 됐다. 그럼에도 불구하고 일본에서는 재정 재건을 진지하게 시도하고 있는 기미가 보이지 않는다.

따라서 언젠가는 그 파탄(채무불이행 등의 디폴트) 리스크를 시장이 반영함으로써 금리가 상승하게 될 것이라는 견해가 글로벌하게 퍼졌다. 물론 금리가 상승하면 곧 디폴트한다는 얘기는 아니다. 이를테면 신용리스크가 있기 때문에 1%의 금리로는 돈을 빌릴 수 없어도 2%를 지불하면 빌릴 수 있다고 한다면, 시장이 일정한 신용리스크를 반영하면서 기능하고 있다는 얘기가 된다. 따라서 갑자기 파탄까지는 가지 않더라도 지금처럼 거대 채무를 끌어안은 일본의 금리가 계속 낮은 채로 방치될 일은 없다, 일본 국채의 리스크에 대해 정당한 이율이 요구될 것이다, 라는 주장이 강한 공감을 불러일으켰다. 때문에 해외의 많은 투자가들은 엔화 금리를 '쇼트'하는 (=금리상승에 따라 수익을 얻는) 거래를 수많이 구축했다. 그러나 그런 거래가 단기적으로는 효과적인 국면도 있지만, 현재까지의 시점에서 폭발적인 수익으로 이어지고 있지는 않다.

일본의 소버린 리스크가 통상적인 시장변동 범위 내에서의 금리 상승에 그치지 않고 실제로 국채폭락(금리의 급등)을 일으키는가, 그리고 파탄에 이르는가, 그렇다고 한다면 어떤 경로가 있고 어느 정도의 개연성이 있는가 등의 논점을 분석하기 위해 많은 논의가 나왔다. 진지한 실무가나 경제학자뿐 아니라 선정적인 선동도 포함해 이 중대한 주제에 관해 많은 자원이 동원되고, 수많은 서적도 출판되고 있다. 갑자기 파탄까지 논의되는 프로세스에는 비약적인 감도 있지만 그만큼 궁극의 시나리오에 흥미가 집중되고 있다는 증거기도 하다.

위기설이 나온 2009년으로부터 6년 이상이 흘렀다. 일본의 재정은 건전화와는 전혀 다른 방향으로 전개되고 있다. 1단계 아베노믹스의 '세 가지 화살' 중 두 번째 화살은 재정확대이다. 첫 번째 화살인 대담한 금융완화가 초래한 엔저로 인해 손해를 본 부문에 대해 2014년의 보정예산에서 엔저 대책으로 재정자금을 투입하기도 했다. 케인즈가 말한 '구멍을 파서 메우는' 재정정책을 실천하고 있는 셈이다.

2015년도 예산에서는 기초적 재정 수지가 반감될 것으로 예상된다. 다만 그 기준은 애초에 기초적 재정 수지가 6.6%까지 악화됐던

2010년을 기준으로 한 축소다. 그것을 '개선'이라고 '자만'할 수 있을까. 또 최근의 노동력 부족으로 인해 집행이 미뤄지고 있던 예산이 지출될 예정도 있다는 점에서 결과적으로는 그 반감조차 확실하지 않다고 분석하는 이코노미스트도 있다. 이렇게 재정규율이 느슨해졌는데도 일본국채 금리는 최근 6년 동안 소버린 리스크에 대한 대가를 요구하기는커녕 역으로 일부는 마이너스 영역에까지 떨어져 버렸다. 시장은 정녕 일본의 소버린 리스크를 못 느끼고 있는 것일까.

소버린 리스크에 관한 많은 분석은 국채폭락에 이르는 대표적인 경로로 경상수지 흑자의 축소와 사실상의 머니타이제이션, 그리고 인플레의 진행을 지적하고 있다. 이들 경로는 실제 하나하나 실현되고 있다. 그럼에도 불구하고 금리가 추세적으로 상승해 일본의 신용리스크가 시장에 반영되는 사태는 일어나고 있지 않다. 이것은 대체 어떻게 받아들여야 하는가. 오히려 마이너스 금리가 신용리스크를 시장에 반영하는 형태로 나타난 것이다.

국채폭락의 방아쇠
① 경상수지 흑자 감소와 국채의 해외 의존

• • •

일본 국채가 폭락하지 않는 첫 번째 이유로 꼽을 수 있는 것은 국내투자가의 보유 비율이 높다는 점이다. 현재 약 90%의 국채가 은행예금과 생명보험 등을 통한 간접보유를 포함해 국내투자가들에게 보유되고 있다. 그러나 만일 국채 소화를 해외투자가에게 의존해야 하게 되면 그들은 국내투자가와 달리 정당한 이율을 요구하기 때문에 금리가 상승하게 될 것이다.

국채가 거의 국내에서 소화되고 있다는 것은 일본이 경상수지 흑자국이라는 이유가 크다. 경상수지가 흑자라면 가계·기업·정부라는 국내 주체들의 저축이 플러스가 되니 나라 전체로서는 해외 빚을 지지 않아도 되기 때문이다(2장, 도표2-2). 그러나 일본의 경상흑자는 추세적으로 축소경향에 있다. 2011년 동일본대지진 후에 원자력발전소가 정지되자 화석연료의 수입이 증가했고, 그게 주된 원인이 되어 무역수지 적자는 이미 정착되고 있고 경상수지의 흑자도 줄고 있다(도표4-5).

고령화도 저축률 저하를 거쳐 경상수지의 적자화 요인으로 지적받고 있다. 나이가 들어 생산 활동에서 소외되면 과거의 저축을 헐어 생활하게 되기 때문이다. 주지하는 바처럼 일본에서는 고령화가 진행되고 있다. 2015년 1월 20일자 조간 일본 경제신문에 '마이너스의 가계저축률'이라는 칼럼이 실렸다. 그 칼럼은 2013년도에 가계저축률이 마이너스 1.3%가 된 사실에서 논의를 시작한다. 2011년도에는 플러스 2.2%였던 저축률이 3.5%나 떨어져 마이너

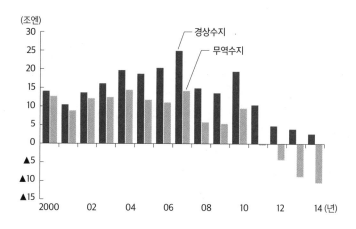

출처: 블룸버그(원 데이터는 재무성)

스가 됐다. 칼럼은 주된 원인으로 소비세 증세 전에 사재기 소비를
하기 위한 저축 헐기가 있었을 가능성을 지적하고 있는데, 장기적
추세로서의 저축률 저하를 무시할 수는 없을 것이다.

　장기적 추세가 바람직하지 않은(=경상흑자 감소) 경우, 소비세 증세
와 같은 일시적 요인이 있으면 그 일시적 요인 탓으로 돌리고 싶은
게 사람 마음이다. 최근 살이 쪄 식생활을 개선해야 하는데, '어제는
부서 회식이 있어서'라면서 평상시 자신의 식생활이 좋지 않은 점에
눈을 감고 회식 탓으로 돌려버리는 것과 같다. 행동경제학에서는 흔
히 이런 사고 패턴을 '멘탈 어카운팅mental accounting(심적 회계 효과)'이라
고 부르며 널리 사용하는 개념이다.

가계 저축률은 떨어지고 있지만 한편으로 기업저축이 늘고 있다
는 사실도 지적되고 있다. 그런데도 경상수지 흑자가 줄고 있다는
것은 가계와 기업을 합친 민간 전체의 저축이 재정적자의 증가를
메울 정도는 아니라는 뜻이다.

국채의 해외투자가 보유비율은 2010년의 6%에서 2015년 3월에
는 10% 가까이까지 늘어났다. 2013년 9월부터 1년 사이에 약 1%
가 늘었는데, 이 정도의 수치가 그다지 큰 비율로 보이지 않을지도
모른다. 그러나 다음 두 가지를 고려하면 사실 이것은 매우 중차대
한 1%이다.

우선 분모인 국채 잔고가 연간 30조엔이 넘게 늘고 있다. 한편
분자의 경우 일본은행의 국채 대량구입으로 인해 2013~2014년만
연간 50조엔이 넘는 잔고가 흡수되고 있다. 항등식적 관계에서 보
면 민간 전체의 국채보유액이 줄어야 한다. 그럼에도 불구하고 해
외부문은 1%나 보유비율을 늘렸다는 것이다. 같은 기간에 국내에
서 보유 잔고를 늘린 민간기관은 최종투자가인 생명보험이 유일하
고, 그 증가분도 해외부문보다 적다. 요컨대 일본은행 보유분을 제
외한 국채잔고의 해외보유율이 보다 빠른 기세로 늘고 있는 것이
다.(도표4-6).

일견 해외투자가는 일본국채의 보유비율을 늘리면서 보다 높은
이율을 요구하고 있지 않은 것처럼 보인다.

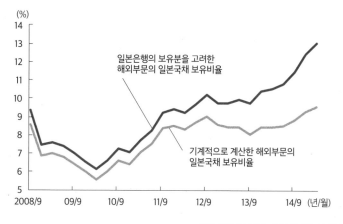

| 도표 4-6 | 국채 해외보유 비율: 기계적 계산에 기초한 것 VS. 일본은행 보유분을 고려한 것

일본은행의 보유분을 고려한
해외부문의 일본국채 보유비율

기계적으로 계산한 해외부문의
일본국채 보유비율

출처: 일본은행자금 순환 통계를 근거로 작성

과연 그럴까. 실은 해외투자가가 국채에 요구할 법한 금리 인상은 1장에서 언급한 대로 일본인이 해외투자가를 상대로 엔화와 달러를 상호차입할 때 엔화 금리를 대폭으로 할인하는 형태로 발생하고 있다. 눈에 보이는 엔화 금리는 낮아도 달러를 보유하고 있는 해외투자가는 실질적으로 대폭적인 마이너스 금리로 엔화를 조달할 수 있기 때문에 차익으로 남는 일본국채의 이율은 착실히 증가하고 있다. 해외투자가는 실질적으로 일본국채에 보다 높은 이율을 요구하고, 실제로 그것을 획득하고 있는 것이다. 그런 의미에서 국채의 "폭락"은 이미 실현되고 있다. 이 주제는 다음의 5장에서 상술

할 것이다. 이는 지표 10년물 국채 금리만을 보고 있어서는 도저히 알 수 없는 지극히 중요한 사실이다.

국채폭락의 방아쇠
②사실상의 머니타이제이션

● ● ●

경상수지 흑자의 감소에 더해 또 하나의 중요한 폭락요인은 사실상의 머니타이제이션이다. 중앙은행이 국채를 직접 인수함으로써 재정 확대를 하는 것을 머니타이제이션이라 한다. 머니타이제이션은 장차 재정파탄을 초래할 가능성이 높아 금기시되고 있다.

만주사변 촉발 후인 1931년부터 1936년까지 실시된 다카하시 재정에서는 공황 극복과 전쟁비용 조달을 주목적으로 일본은행의 국채 직접 인수가 시행되었다. 이 직접 인수는 일단 성공한 것처럼 보였는데, 일본은행이 인수한 국채를 시장에 도중매각함으로써 시장과의 연대를 유지했던 점과, 경기가 어느 정도 회복된 1935년경부터는 재정을 축소해갔던 점이 기여한 것으로 평가된다. 그러나 다카하시 고레키요는 재정(특히 군사비) 축소로 군부의 반발을 산 나머지 2.26사건 때 살해되었다. 다카하시 재정과 비교하면 현재의 양적완화는 도중매각을 상정하고 있지도 않고 느슨한 재정정책을 긴축으로 전환하려는 움직임도 없다.

재정규율이 느슨한 상태라도 아직 정부가 시장에서 자금을 빌리고 있다면 시장은 아직 소버린 리스크로 판단하고 있지 않다는 뜻이다. 그러나 2012년의 해산 총선거 전에 당시 야당이었던 자민당 총재인 아베 총리가 '건설 국채를 일본은행이 전액 사게 하겠다'고 공언한 것은 시장관계자의 우려를 증폭시켰다. 이런 우려가 더욱 증폭되는 형태로 이차원 완화가 실시되었고, 이는 다음 두 가지 이유로 일본은행의 국채 직접 인수에 한없이 가까워지고 있다고 볼 수 있다. 이차원 완화가 '루비콘강을 건넜다'고 종종 표현되는 것도 당연하다.

그 첫 번째 이유는 '액수의 거대함'이다. 일본은행의 국채 구입액이 총발행액(차환분을 포함한다는 뜻)에 거의 필적하고 있다. 이차원 완화 전에는 '은행권 룰'이라는 것이 있어서 일본은행은 시중에 돌고 있는 현금 액수 이상으로 국채를 보유할 수 없다는 규칙이 있었다. 일본은행의 매입 오퍼레이션에 '성장통화를 공급한다'는 측면에서 정당성을 인정하고, 통화총량과 본원통화가 지나치게 괴리되지 않도록 제동을 거는 규칙이었다. 원래 일본은 경제규모에 비해 현금의 유통량이 많기 때문에 은행권 룰이라고 해도 어느 정도 관용적인 매입액을 허용하고 있었던 셈인데, 그 최소한의 룰조차 철폐해 버렸다.

두 번째 이유는 국채발행과 일본은행 매입 사이의 기간이 지극히 짧다는 것이다. 일본은행은 국채가 입찰을 통해 발행된 다음날 거의 빠짐없이 매입 오퍼레이션을 실시하고 있고, 전날 발행된 국채도 그 다음날에는 거의 매입 대상에 포함되어 있다. 즉, 일본은행의 국채 직접 인수와 비교해 차이가 단 하루밖에 없는 것이다.

엄밀히 말하면 입찰 다음날의 매입 오퍼레이션으로 전액을 매입할 수 있는 것은 아니다. 국채발행으로부터 약 1개월 사이에 발행액과 거의 같은 액수의 국채가 복수의 매입 오퍼레이션을 통해 서서히 흡수된다. 또한 3, 6, 9, 12월에는 결제 관계에서 신규발행 국채가 매입 오퍼레이션의 대상이 되기까지 10여 영업일 걸리는 일도 있다. 그러나 '불과 10여 영업일'이 걸릴 뿐이다. 시라가와 총재 때에는 신규발행 국채가 최소한 1개월 지나지 않으면 매입 오퍼레이션의 대상이 되지 않았다.

물론 일본은행이 아무리 대량으로 국채 사들이기를 계속해도 재정 자체의 적자가 줄고 있으면 재정 확대적인 요소는 한정적이 된다. 즉 일본은행의 국채구입이 재정 확대가 되는지 여부는 일본은행의 국채구입을 전제로 한 재정확장에 최종적으로 달렸다고 볼 수 있다. 역으로 그러한 전제가 있으면 설령 시장을 일단 경유하고 있어도 재정 확대라고 할 수 있다. 소비세를 재원으로 했던 사회보장을 증세가 연기되더라도 시행한다는 입장을 볼 때, 현행 정책을 두고 재정 확대가 아니라고 할 수 있을까.

최악의 시나리오인
하이퍼 인플레이션은 비현실적이다

● ● ●

재정 확대가 하이퍼 인플레이션으로 이어진 예는 제1차 세계대전 후의 독일, 제2차 세계대전 후의 일본 등 역사적으로 몇 가지 실례가 있다. 2014년은 마침 제1차 세계대전 개전 100주년이라는 점에서 다양한 회고가 있었는데, 100년이라는 것은 사실 아주 잠깐의 찰나이기도 하다. 필자를 포함해 우리 세대는 '전쟁으로 이렇게 엄청난 일이 일어난 것은 과거일 뿐이고, 이제 그렇게 어리석은 일은 벌어지지 않는다'는 식의 교육을 받았지만 따지고 보면 결코 먼 옛날의 일이 아니다. 물론 제1차 대전을 실제로 경험한 사람은 이제 거의 없어졌지만 제2차 세계대전을 경험한 사람은 적어졌다고는 해도 여전히 있다. 전후 하이퍼 인플레이션을 체험한 사람들이 생존해 있다는 사실만으로도 사람들은 악몽이 충분히 다시 올 수 있다고 생각한다.

일본의 재정정책이나 금융정책에 관한 많은 책들도 하이퍼 인플레이션이라는 테일 리스크Tail Risk를 최악의 시나리오로 분석하고 경보를 내고 있다. 테일 리스크는 통계상의 정규분포도 양쪽 끝(꼬리) 부분을 뜻하는 것으로, 실제 발생할 가능성은 낮지만 한 번 일어나면 평균값과 차이가 커 엄청난 충격을 줄 수 있는 리스크를 가리킨다.

이러한 논의에 공통되는 것은 '하이퍼 인플레이션은 국민 전체에 강한 고통을 강제한다. 이것을 반드시 회피하기 위해 재정규율을 바로잡아야 한다'는 주장인데, 참으로 당연한 얘기다. 다만, 한편으로 '하이퍼 인플레이션만 일어나지 않는다면 재정규율을 바로잡지 않아도 된다'는 위험한 해석도 낳고 있는 것처럼 보이기도 한다.

찬찬히 생각해보면, 하이퍼 인플레이션에 따른 채무의 탕감은 상당히 장기간 동안에 단 1번밖에 써먹을 수 없는 '떼먹기' 카드다. 10년마다 하이퍼 인플레이션으로 채무를 탕감받는 것이 상습화되면, 아무도 돈을 빌려주지 않기 때문이다. 또 그렇게 떼먹힌 쪽에는 이제 자산이 별로 남지 않아, 혹시 다음에 또 빌려주고 싶어도 물리적으로 불가능해져 있을 수도 있다. 따라서 하이퍼 인플레이션이 일어나 국채가 폭락해 버렸을 때는 이미 금리수준의 이야기로는 끝나지 않는다.

한편 하이퍼까지는 아니라도 3~4%라는 결코 낮지 않은 인플레가 계속 발생하고 있으면, 채권시장은 그에 대해 웃돈을 요구하게 마련이다. 때문에 3~4%의 인플레를 일으키면서 저금리를 유지한

채 여유롭게 채무를 탕감받는다는 것은 본래 어려운 일이다. 즉 '인플레 택스'는 시장에 맡겨 둔 채로는 부과하기가 어렵다는 말이다.

그러나 이미 발행해 버린 채무에 대해서는 그 이율을 바꿀 수가 없기 때문에 계속적인 인플레가 발생하면 어느 정도는 여유롭게 탕감할 수 있다. 재무성은 얼마 전부터 신규 국채발행 연한의 장기화를 진행하고 있고, 일정한 인플레 택스를 계획하고 있는 것으로도 보인다. 1995년에 5년 정도였던 신규발행 국채의 연한이 2015년에는 8년 가까이까지 늘어난 것이다.

일시적으로는 가능할 것 같았던 인플레 택스

● ● ●

3~4% 정도의 인플레라면 하이퍼 인플레에 비해 경착륙은 아니다. 이 사이에 금리를 인플레보다 낮게 누를 수 있다면 실질적으로 채무를 압축함으로써 '국채폭락, 파탄'이라는 테일 리스크 시나리오는 회피할 수 있다. 이러한 인플레 택스를 보다 대대적으로 매기기 위해서는 2장에서 소개한 '금융억압'이라는 수단을 통하게 된다.

현재 일본의 금융억압을 2013년에 일찍이 인식하고 있었던 쪽은 오키나 구니오의 『일본은행』(1장에서 참조), 가와노 류타로의 '금융억

압정책이 시작되었나: 『이차원 완화』의 또 다른 의미'(『월간자본시장』 2013년 6월)일 것이다. 가와노의 칼럼에서는 구체적인 억압수단은 '국채시장에 대해 공적관여를 강화하는' 것이라고 지적하고 있다. 공적관여의 필두는 중앙은행의 공격적인 국채구입, 즉 양적완화라고 할 수 있다. 통화의 공급과 저금리를 통해 투자를 촉진한다고 하는 대의명분을 걸고 실제로는 국가 자신의 채무 압축을 의도하고 있었다고 보는 견해다. 바꿔 말하면 소버린 리스크가 높아져 있는데도 금리가 낮은 것이 아니라, 소버린 리스크가 높아져 있기 때문에 금리를 낮게 누르는 정책이 취해지고 있는 것이다.

2013~14년은 일본의 CPI는 마이너스권을 빠져나와 1% 중반까지 상승했다. 한편 국채 10년물 금리는 담담히 0.5% 정도까지 내려가 CPI를 밑돌았다(도표4-7). 미국에서는 FRB가 2000년대 초에 FF금리를 CPI 이하인 1%까지 인하했을 때도 10년물 장기금리까지 CPI 이하가 되는 일은 없었다. 그와 비교하면 커다란 차이가 있다.

2013~14년에는 CPI 상승은 별로 예상되지 않았다. 일반적으로 시장에서 인간의 심리는 자기 예상이 빗나가 버렸을 때, '벌어지고 있는 현상이 이상하다'며 자신의 견해를 고집하기보다 '(비록 단기적이라도) 뭔가 내가 놓치고 있던 게 없었나?'라며 현실에 적응하는 형태로 견해를 수정하는 경향이 강하다. 그런 면에서 CPI가 예상외로 상승한 사실로 보아 앞으로도 그 상승이 계속될 것으로 보는 견해

가 많아진 것으로 보인다.

인플레 택스라는 단어에는 '인플레를 핑계로 은연중 국가의 채무를 탕감하고 있는 (비겁한) 수법'이라는 뉘앙스가 있다. 그럼에도 '비겁한 것은 잘 알고 있지만 하이퍼 인플레이션이라는 충격을 회피하기 위해서는 어쩔 수 없다'는 측면이 있는 것도 사실이다. 과거에 장기금리가 수년 이상의 기간 동안 CPI보다 낮을 때는 별로 없었지만 앞서 서술한 2000년대 초 미국처럼 단기금리가 CPI보다 낮은 상태는 종종 있었다. 그 과정에서 국민생활이 어떻게든 물가인상을 견딜 수 있다면 현실적인 선택지가 될 수 있다.

| 도표 4-7 | 2012~14년의 국채 10년 금리와 CPI

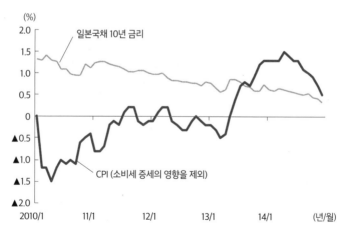

출처: 블룸버그, 총무성

이렇게 일시적으로는 일본은행의 매입 오퍼레이션을 통해 금리가 낮게 통제되는 한편, CPI도 적절히 상승해 인플레 텍스 전략이 그럭저럭 유지 가능한 것처럼 보였다. 그러나 물가는 2014년에 다시 떨어졌다.

원유 하락으로
물가는 다시 떨어지고

● ● ●

2014년 여름 이후 원유 가격이 하락세로 돌아서더니, 딱 반년 만에 약 50달러까지 반감됐다. 이 폭락은 역사의 흐름과 많이 공통되는 면이 있다. 즉, 어떤 사건이 돌연변이적으로 발생했다기보다는 몇 개의 복선이 겹쳐진 부분에서 우연히 어떤 계기가 더해져 그 일이 구현된다는 흐름이다. 그런 흐름에서 보면 원래는 신흥국의 성장이 둔화되기 시작한 2011년경부터 이미 원유는 하락을 시작했다고 해도 이상하지 않을지 모른다. 원유가격 하락의 이유는 OPEC이 감산에 합의하지 못했기 때문이라고 보도되었지만, 이것이야말로 우연한 계기에 지나지 않는다. 만약 원유의 수요가 왕성하다면 애초에 감산을 검토할 필요도 없었을 것이다. 실제로는 글로벌한 금융 완화를 배경으로 원유가격이 실수요를 반영하지 않는 높은 수준에 머물러 있었던 것 아닐까.

FRB는 2013년 12월에 그때까지 실시했던 양적완화 정책을 축소하는 결정을 내렸다. FRB의 자산구입은 2014년 10월의 종료를 향해 서서히 감액되었기 때문에 '점점 가늘어진다'는 의미의 '테이퍼링Tapering'이라는 이름이 붙었다. 이 테이퍼링의 과정에서 리스크 자산과 상품시장에 흐르는 잉여자금의 액수가 감소한 것인데, 실제로 원유가격 하락의 방아쇠를 당기기까지 10개월이 걸렸다. 역으로 말하면 그만큼 원유가격 하락의 계기는 무르익어 있었다는 것이다. 이를 어떤 특별한 이벤트처럼 느끼고 만다면, 그 또한 이성적이지 못한 인간의 속성일 것이다.

궁극의 금융억압책, 마이너스 금리

● ● ●

원유가격의 하락은 이제는 인플레를 손쉽게 일으키지 못하게 됐음을 단적으로 보여준다. 원래 디플레가 진행되어 온 이유에 관해서는 인구동태나 경제의 성숙화, 임금구조 등 다양한 분석이 이뤄지고 있다. 만약 유가 하락이 이 시기에 일어나지 않았다고 해도 CPI가 상승을 계속하고 있었을지 여부는 알 수 없다. 그것은 이와타 일본은행 부총재 자신이 2014년 9월 강연에서 '엔저가 되어 수입 물가가 상승해도 그에 따라 실질소득이 하락함으로써 수요가 억제되면 가격이 하락하는 일도 있다'고 한 말에서도 시사되고 있다. 어쨌든 3~4%의 인플레와 이를 밑도는 금리의 세트로 국가의 채무를 압축하기란 의외로 어렵다는 것이 피부로 와닿는다.

국민생활이 견딜 수 있는 인플레의 한도에서 채무를 압축하려고 하는 계획은 의외로 실행이 어렵다. 그렇다면 차라리 금리의 하한이라 여겨지던 0%의 지지선을 없애는 것을 포함해 금융억압을 보다 명시적으로 행하면 재정이 건전해진다고 할 수 있을까. 그러나 일본의 경우, 마이너스 금리의 비용을 달러 조달 프리미엄이라는 형태로 은행들을 통해 국가 전체가 부담하고 있는 만큼, 결코 재정에 부담이 없는 것은 아니다. 이는 마이너스 금리정책을 환율대책으로 삼고 있으며, 또한 재정이 대략 균형적인 스위스와는 대조적이다. ECB의 마이너스 금리는 결과적으로 유로 약세와의 연관이 없지 않지만, 독일의 경우 2014년에 재정균형을 달성하고 있어 금융억압적인 요소는 희박하다.

현재 일본 국채시장에서 국채를 팔고자 하면, 수일 간격으로 꼬박꼬박 몇 천억엔이라는 단위로 수행되는 일본은행의 국채 매입 오퍼레이션이 매수세로서 존재한다. 시장참가자는 '이런 금리수준으로 괜찮을까'라고 의문을 품으면서도 매입 오퍼레이션이 직접적으로 금리상승을 억제하고 있음을 하루하루 통감하고 있다.

그런 의미에서 지금까지 다양한 형태로 예상되어 온 드라마틱한 하이퍼 인플레이션이나 국채폭락, 일본 재정의 파탄은 결국 발생하지 않고, 금융억압의 궁극적 형태로서 마이너스 금리가 최종적으로 재정을 건전화시킬 가능성도 있는 것이 아닐까.

만일 폭락과 파탄이 발생한다고 해도 그 후에 재생할 수도 있다. 그러나 마이너스 금리로 인해 서서히 국가의 빚이 국민의 자산으로 조금씩 강제적으로 메워져 가는 형태가 되면 경제가 모르는 사이에 점점 쇠약해져 어느 순간 회복불능 상태에 빠질 것이다. 그런 전개가 어떤 의미에서 파탄보다도 더 무서운 것이 아닐까?

하이퍼 인플레이션은 확실히 두렵다. 그러나 그것이 마이너스 금리로 경제를 점점 쇠약하게 만드는 것보다는 희망적이라고 보는 이유는, 단기간에 강제로라도 재생을 시키기 때문이다. 태평양전쟁 후의 하이퍼 인플레이션은 분명히 엄청나게 고통스럽고, 나 자신도 만일 그 현장에 있었다면 극복할 수 있었을지 솔직히 불안하다. 하지만 인적자원만 있으면 경제를 재건할 수 있다. 제로부터 새출발하면 플러스로 가져갈 수 있기 때문이다. 반면 국가의 채무를 탕감하기 위해 마이너스 금리가 계속되는 사회에서 유소년기를 보내고 청년기까지 지내왔다면, 그 사람이 과연 경제를 재건하자며 파이팅할 엄두를 낼 수 있을까?

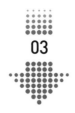

03

해외투자가는
마이너스 금리 하에서도
차익을 얻는다

보이지 않는
리스크 프리미엄

● ● ●

엔화 금리가 마이너스가 되면 엔화 베이스의 투자가는 수익이 마이너스가 될 수밖에 없다. 그러나 외화(달러)를 보유한 투자가는 그렇지만은 않다. 1장에서 다룬 대로 달러를 갖고 있으면 엔화를 마이너스 금리로 조달할 수 있기 때문에 차익을 확보할 수 있다. 즉, 해외투자가는 일본의 신용리스크가 적다고 판단해 낮은 엔화 금리로 투자하고 있는 게 아니라, 신용리스크에 맞는 차익이 있기 때문에 투자를 하는 것이다. 이 사실은 앞에서도 얘기했지만 최근 몇 년간 해외투자가의 국채보유율 증가와도 관련이 깊다.

예컨대 2015년 7월 시점에서 일본국채를 달러 베이스의 투자가가 구입했다고 하자. 이때 자금조달 코스트의 마이너스 분을 얹은 실질적인 이율을 같은 연한의 미국채의 이율과 비교하면 도표4-8과 같아진다. 5~30년물에서 약 0.5~0.6%나 차이가 있다. 이 정도의 이율차는 미국의 투자적격 사채 수준으로, 일본국채는 국채임에도 불구하고 투자가에게 사채와 동등한 투자대상으로 간주되고 있는 것이다.

| 도표 4-8 | **해외투자가가 달러 베이스로 일본국채를 구입한 경우의 이율** (2015년 7월)

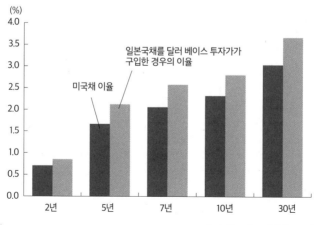

출처: 블룸버그 데이터를 근거로 작성

2002년에 일본국채의 신용등급이 아프리카의 보츠와나와 동격으로 내려간 일이 화제가 됐다. 이때 마찬가지로 엔 조달의 마이너스 분을 얹은 실질적인 10년물 일본국채의 미국채에 대한 이율차는 0.2~0.3%였다. 현재의 이율차가 당시보다 확실히 크다. 당시의 미국채 10년물 금리가 4%대로 현재의 2% 전반보다 상당히 높았다는 점을 고려하면 그 실질적인 차는 더욱 크다. 통화를 바꿔 유로 베이스의 투자가가 구입했다고 하면, 독일국채와 비교했을 때 이율차는 0.3~0.4%다. 이탈리아 국채의 독일국채에 대한 이율차가 1% 이상인 것과 비교하면 엄청난 차는 아니지만, 일본국채는 달러의 경우와 마찬가지로 사채에 가까운 이율을 요구받고 있는 것이 사실이다. 이것은 신문 등의 금리 란에서는 확인할 수 없는 일본의 신용 프리미엄이다.

표면적인 저금리만 보고 '시장은 일본의 소버린 리스크를 느끼지 못하고 있고, 해외투자가는 현상태의 저금리라도 납득하고 일본국채를 사고 있다'고 생각한다면 착각이다. 이것은 소비세에는 반대하면서도 사회보장 형태로 공제되고 있는 세금은 눈에 보이지 않는다고 쉽게 허용해 버리는 것과 비슷하다. 사회보장과 원천징수세 등으로 월급에서 공제되고 있는 세금에 대해서는 신경쓰지 않지만, 매일매일의 쇼핑에서 지불하는 소비세에는 민감해지는 법이다.

이러한 일본국채의 가산금리는 따지고 보면 양적완화로 인해 엔의 유동성이 과도하게 공급된 데서 기인하고 있다. 그리고 양적완화는 재정확대와 뗄 수 없는 관계다. 이러한 인과관계로부터, 일본이 대가를 지불하지 않고 재정확대를 하고 있는 것이 아님을 알 수 있다. 물론 일본인이 그 대가를 지불하는 쪽이고 해외투자가는 받는 쪽이다.

negative interest

5장

재팬 프리미엄이 드러내는 일본 경제의 현실

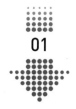

01

재팬 프리미엄이란?

프리미엄에는
두 가지 의미가 있다

● ● ●

잘 생각해 보면 프리미엄이라는 말은 양극의 의미로 사용되고 있다. 어느 쪽 의미로 쓰이고 있는가를 인식하지 못하면 오해하기 쉽다. 우선은 '고급스런'의 의미로 긍정적으로 쓰인다. 영국의 프로축구 리그인 '프리미어 리그'나, 한 단계 위의 맥주라는 뜻의 '프리미엄 몰트' 등이다.

반대의 뜻으로 대표적인 쓰임새는 '리스크 프리미엄'이다. 예컨대 벤처 캐피털처럼 상대적으로 리스크가 높은 투자에 대해서는 그 대가로서 추가적인 수익이 요구된다. 리스크 부담료로, 생명보험이나 화재보험 등의 보험료에도 프리미엄이 붙는다. '재팬 프리미엄'도 이런 경우다. 즉 일본에 투자할 때의 리스크 부담료가 재팬 프리미엄으로, 결코 '고급스런 일본'이라는 의미는 아니다.

재팬 프리미엄은 달러 베이스인 해외투자가의 관점에서 발생한다. 투자받는 일본인, 구체적으로 그 창구가 되는 일본 은행들의 입장에서 보면, 돈을 빌리는 것에 대해 추가요금을 요구받는다는 얘기다. 1장에서 언급한 대로 그 프리미엄은 엔화로 돈을 빌리는 경우가 아니라 달러로 빌릴 경우에 요구된다. 일본에 모종의 리스크 이벤트가 발생한 경우, 통화로서 엔화의 가치는 하락하고 있을 가능성이 높다. 이럴 때 일본인에게 엔화를 빌려준다면, 빌리는 쪽의 리스크와 환 리스크가 더해져 리스크가 증폭된다. 이를 기피해 거래 자체가 일어나지 않기도 해, 정당한 리스크 대가가 나타나기 어려워진다.

일본인만 달러 조달 프리미엄을
내는 것은 아니다

● ● ●

일본계 은행만 달러를 조달할 때 프리미엄을 내는 것은 아니다. 2007년경부터 심각해진 서브프라임 문제에서 시작해 유럽 재정위기에 이르는 기간 동안, 유럽계 은행도 일본계 은행에 뒤지지 않는 달러 조달 프리미엄을 지불해 왔다. 기축통화인 달러가 필요한 것은 유럽계 은행도 마찬가지다. 일본계 은행도 유럽 재정위기의 영향을 적잖이 받아, 달러 조달 프리미엄을 단순히 재팬 프리미엄과 같다고 단언할 수 없는 경우도 생겼다. 하지만 그 때문에 실제로 재팬 프리미엄인 부분까지 묻혀서 재팬 프리미엄임을 깨닫지 못하거나, 또는 모르는 척 하는 일도 벌어질 수 있다. 여기에 중대한 위험성이 존재한다.

그런 의미에서 재팬 프리미엄에 직결되는가 여부를 살짝 넘어서 달러 조달 프리미엄 전반에 관해 생각해볼 필요가 있다. 이하에서는 일본 이외의, 특히 유럽의 달러 조달 프리미엄까지 포함해 논의해 보겠다. 유럽 문제는 일본에 있어 귀중한 비교 대상이기도 하므로, 재팬 프리미엄에 관한 시사점을 종종 발견할 수 있다.

도표5-1에 연대별로 달러 조달 프리미엄을 주도한 요인에 관해 정리했다. 현시점에서 이 표를 봤을 때 아무런 이미지를 떠올리기

|도표 5-1| 달러 조달 프리미엄의 시대별 요인

	증가 요인		감소요인
	일본 내부	일본 외부	
1998년	일본의 금융위기		
2002~2004년	일본의 등급 하락 일본의 양적완화 (구조화 국채의 발행)		
2005년			엔 캐리 트레이드
2006년			양적완화 해제
2007~2011년	앤캐리 트레이드의 해소	서브프라임 문제 리먼 사태 유럽 재정위기	
2012년		ECB의 양적완화	
2013~2015년	양적·질적완화		ECB의 양적완화
2016년?	↓	ECB의 양적완화 ↓	

어려울지도 모르나, 이야기 흐름의 이정표로서 보아두기 바란다.

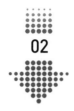

02

환율 선물과
크로스 커런시 베이시스 스왑

엔을 써서
달러를 빌리는 구조가 열쇠

● ● ●

엔을 써서 달러를 빌리는 구조에 관해서는 1장에서도 소개했다. 여기서는 그에 대해 정식으로 다루려고 한다. '환율 선물' 및 '크로스 커런시 베이시스 스왑Cross currency basis swap(서로 다른 통화의 변동금리와 변동금리의 이자지급을 교환하는 것)'이라 불리는 시장은 환율시장과 달러 및 엔의 금리시장을 중개하는 것으로, 엔을 써서 달러를 빌리는 것

을 가능케 한다. 결과적으로 엔화 금리의 0% 하한을 헐어버리는
것이다.

애초에 환율 선물 거래란 무엇인가? 환율거래는 달러와 엔 등의
다른 통화를 교환하는 것이고, '선물'이란 미리 예약한다는 의미다.
예컨대 1주일이나 3개월이라는 일정기간 후에 미리 정해진 환율로
통화교환을 하는 거래가 환율 선물 거래다.

환율 선물 거래를 주로 이용하는 쪽은 환 리스크를 안고 있는 사
람의 헤지 수요일 것이다. 예컨대 주로 수입을 하는 기업에게는 장
차 엔저가 되면 지불대금이 늘어날 리스크가 있다. 따라서 그 리스
크를 회피하기 위해 미리 필요시되는 액수만큼의 달러를 환율 선
물 시장에서 사둘 수가 있다. 역으로 엔고가 리스크가 되는 경우는,
해외 자회사의 수익이 달러 베이스로 되어 있어 엔고가 되면 엔화
표시 수익이 감소하는 기업과 해외증권투자를 하고 있는 생명보험
등을 생각할 수 있다. 그 경우에는 일정액의 달러를 미리 선물 환
율로 사두는 방법도 가능하다.

환율 선물 거래는 이러한 목적 이외에도 자금조달 수단으로도
활용된다. 즉, 엔화를 갖고 있지만 달러 자금조달을 하려는 경우,
엔화를 빌려줌으로써 달러를 빌릴 수가 있다. 갑자기 달러를 빌릴
수는 없지만 엔화를 빌려주면 달러를 빌릴 수 있는 것이다. 이런
형태는 엔과 달러를 '상호차입'한다고도 표현할 수 있는데, 각각에

| 도표 5-2 | **선물 환율에 의한 자금조달 거래 (도표1-8 재인용)**

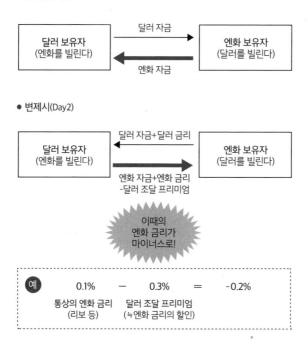

● 현시점(Day1)

```
┌─────────────┐   달러 자금   ┌─────────────┐
│  달러 보유자  │ ────────────▶ │  엔화 보유자  │
│ (엔화를 빌린다)│ ◀──────────── │ (달러를 빌린다)│
└─────────────┘   엔화 자금   └─────────────┘
```

● 변제시(Day2)

```
┌─────────────┐ 달러 자금+달러 금리 ┌─────────────┐
│  달러 보유자  │ ◀──────────────── │  엔화 보유자  │
│ (엔화를 빌린다)│ ────────────────▶ │ (달러를 빌린다)│
└─────────────┘                   └─────────────┘
        엔화 자금+엔화 금리
        -달러 조달 프리미엄
```

이때의
엔화 금리가
마이너스로!

예   0.1%   —   0.3%   =   -0.2%

통상의 엔화 금리   달러 조달 프리미엄
   (리보 등)   (≒엔화 금리의 할인)

관해 금리를 지불해야 한다. 돈을 서로 갚을 때에 '원본 플러스 금리'의 달러와 엔을 교환하는 부분이 '선물로' 엔과 달러를 교환하게 되는 구조를 띠는 것이다.(도표5-2)

환율 선물이란?

금융에 박식한 독자를 위해 환율 선물에 관해 좀 더 자세한 설명을 추가하겠다. 1년 후, 2년 후 등 여러 차례 환율 선물 거래를 한꺼번에 하나의 거래로 하면, '환율 스왑 거래' 또는 '크로스 커런시 베이시스 스왑'이라는 이름으로 불린다. 여러 번의 거래가 모이면 이름이 변하는 것으로, 성장하면 이름이 바뀌는 물고기를 연상하면 된다. 기본적인 구분으로서 금리가 고정금리일 때는 '환율 스왑'이라 불리고, 리보라는 변동금리일 때는 '크로스 커런시 베이시스 스왑'이라 불린다.

고정금리냐 변동금리냐의 선택은 비즈니스 형태와 관계가 있다. 은행은 고금리 국면 또는 저금리 국면에 상관없이 대차의 차익(스프레드)을 버는 비즈니스라는 점에서 고정금리보다 변동금리를 기준으로 삼는 쪽이 많다. 변동금리는 금융에서는 '시가'라는 이미지다. 은행으로서는 항상 '시가'에 맞춘 체제를 만들어 두는 편이 리스크가 적기 때문에 장기간의 금융거래에서는 고정금리보다 변동금리가 선호되는 것이 일반적이다. 따라서 엔으로 달러를 조달하는 거래에서도 장기간이라면 변동금리를 사용한 크로스 커런시 베이시스 거래가 고정금리의 환율 스왑 거래보다 주류가 된다.

한편, 기업처럼 외환을 사용하는 쪽은 지불액이 고정된다는 점에서 고정금리를 선호하는 경우도 많다. 때문에 서비스를 제공하는 입장인 은행들은 서로 '고정'과 '변동'을 교환하는 금리 스왑 거래를 함으로써 재고의 리스크 관리를 하고 있다.

환율 선물이나 스왑은 실제로는 달러 조달이라는 자금거래지만 명칭만 보면 파생상품 거래로 착각하기 쉽다. 때문에 환율 선물 거래가 기계적으로 파생상품 거래 규제의 대상에 포함된 적이 있다. 2012년에 미국 재무성이 금융규제개혁법(도드 프랑크 법Dodd-Frank Act)으로 파생상품 규제를 강화하게 되었을 때다. 이때 일본은행과 금융청은 환율 선물 거래의 자금조달적 측면을 고려해 단기 환율 스왑에 대해 법 적용제외를 요구하는 서한을 미국에 공식적으로 제출했다. 그 주장이 인정되어 단기 환율 스왑은 파생상품 규제에서 적용 제외되었다. 파생상품이라는 단어 사용에 있어 규제 당국도 혼동할 때가 있는 것이다.

교과서대로 가지 않는
달러 조달 코스트

• • •

사설이 조금 길었지만, 환율 선물 거래가 자금조달 수단이라는 인식은 매우 중요하다. 이것을 전제로 선물 환율을 정하는 금리재정을 설명할 수 있기 때문이다.

우선 환율 선물 이론은 금리재정이라는 관점에서 정해진다. 환율 선물은 어느 쪽 통화로 운용해도 득실이 없도록, 즉 재정이 작용해 정해진다는 것이다. 그러나 실제 시장에서는 이론과는 괴리가 있다. 다음과 같은 예를 들어보자.

설정으로서 1년의 달러 금리가 2%에 엔화 금리가 0.5%, 현물 환율이 1달러 100엔이라고 가정한다. 지금부터 1년 동안에 금리가 붙어 1달러는 1.02달러, 100엔은 100.5엔이 된다. 현재 금리는 이보다 더 낮지만 너무 숫자가 작으면 알기 힘들므로 수치를 좀 크게 잡아 예로 든 것이다. 따라서 1년 후의 선물 환율은 금리차가 딱 상쇄될 만한 수준, 즉 100.5÷1.02=98.53엔이 될 것이다. 두 통화 중에 금리가 낮은 쪽이 선물을 통해 세진다. 통상 엔화 쪽이 달러보다 금리가 낮으므로 선물이 현물보다 엔고가 되는 것이다.

현물과 선물, 둘 중 어느 쪽이 엔고냐 엔저냐의 관계에 대해서는 두 가지 방식으로 인식할 수 있다.

지금 설명한 것처럼 선물 환율을 100.5 ÷ 1.02 = 98.53엔으로 계산하는 방식은 이미 현물이 정해져 있고, 선물이 금리재정으로 정해진다고 생각하는 견해다. 그 경우 '선물(98.53엔)은 현물(100엔)보다 엔고가 된다'고 할 수 있다.

두 번째 인식은 선물이 이미 정해져 있고, 금리재정으로 현물이 결정된다고 본다. 이렇게 역방향으로 보면 '(그렇게 결정된) 현물은 선물보다 엔저가 된다'고 표현할 수 있다.

SNB가 통화고 대책으로 정책금리를 인하한 것처럼 일반적으로는 '금리가 낮은 편이 통화가 약해진다'고 생각되기 때문에, 두 번째와 같이 선물이 먼저 결정되고 금리가 낮은 편의 통화가 현물로 약해진다는 관점이 직관적으로는 납득하기 쉬울지도 모른다.

그러나 다음의 설명에서는 첫 번째와 같이 현물이 먼저 결정되고 선물이 변동한다고 생각하는 편이 이해가 쉽기 때문에 그 관점을 취하기로 한다.

앞서 든 예에서 이론상 선물은 98.53엔으로 산출되어, 현물보다 엔고가 되어 있다. 그러면 실제 시장에서 거래되는 선물 환율은 어떨까. 그것은 98.33엔 등으로, 이론치보다 더 엔고로 기울고 있다. 이 점은 환율 선물 시장이 20전분만큼 엔 금리가 실질적으로 낮다는 것을 반영하고 있음을 나타낸다.

이 20전분을 금리로 표시하면 0.2%, 또는 20bp(=베이시스 포인트)

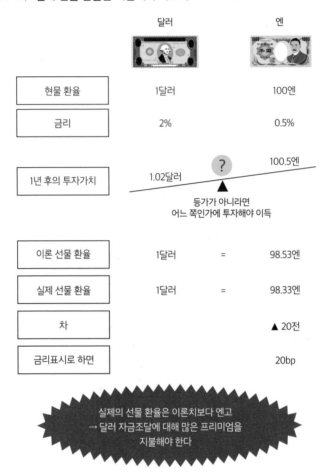

| 도표 5-3 | 실제 선물 환율은 이론치와 다르다

	달러	엔
현물 환율	1달러	100엔
금리	2%	0.5%
1년 후의 투자가치	1.02달러	100.5엔

등가가 아니라면
어느 쪽인가에 투자해야 이득

이론 선물 환율	1달러	=	98.53엔
실제 선물 환율	1달러	=	98.33엔
차			▲ 20전
금리표시로 하면			20bp

실제의 선물 환율은 이론치보다 엔고
→ 달러 자금조달에 대해 많은 프리미엄을
지불해야 한다

가 된다. 1베이시스 포인트는 0.01%다. 엔을 20bp분 낮은 금리로 운용해도 좋으니 달러를 조달하고자 하는 '프리미엄 분'이 반영되어 있는 것이다.

엔 리보로 보는
달러 조달 프리미엄

• • •

이러한 '엔을 낮은 금리로 운용해도 좋으니 달러를 빌리고 싶다'는 프리미엄 분은 국제거래에서 가장 표준적으로 사용되는 리보에 대한 가산금리로 나타난다. 딱 리보만큼을 리보플랫이라 하여, 대표적인 은행이라면 리보플랫으로의 대차가 기준이 된다. 리보에 대하여 스프레드에 얼마만큼 가산 또는 차감이 있는가가 개별 거래의 '가격'을 나타내고 있다.

대표적인 은행끼리 달러와 엔을 상호차입한다면, 달러는 달러 리보플랫, 엔은 엔 리보플랫으로 행해지는 것이 자연스럽다. 그러나 세상에는 달러를 빌리고 싶은 사람 쪽이 더 많기 때문에, '달러를 빌리기 위해 엔을 얼마만큼 낮은 금리로 운용해도 좋은가'라는 프리미엄이 발생해, 그 정도가 엔 리보에 대한 스프레드로서 나타난다. 앞선 환율 선물의 예에서 나왔던 20전, 또는 20bp가 그것이다. 이 스프레드를 2015년 7월 시점에서 연간별로 보면 도표5-4와 같이 된다. 달러 조달 프리미엄은 자금조달 기간이 1개월인 경우에는 마이너스 20bp, 1년일 경우에는 마이너스 40bp 식으로 되어 있는 것을 알 수 있다.

달러 자금조달에 대한 보다 큰 프리미엄이 붙어 있는 경우는 선물 환율이 더 엔고(수치적으로는 앞서의 예처럼 98.53엔에 대해 98.33엔처럼 작아진다)가 되기 때문에, 베이시스의 부호는 마이너스로 표시하는 것이 관례로 되어 있다. 마이너스의 절대치가 크면 클수록 엔으로 달러 자금을 조달하는 경우에 프리미엄을 많이 지불하지 않으면 안 된다는 말이다. 따라서 업계에서는 '마이너스 폭이 확대(축소)된다'는 식으로 말할 때가 많다. 표현은 좀 답답하지만 적어도 오해는 배제할 수 있다. 즉 엔은 리보 마이너스 20bp로 운용해도 좋으니 달러를 리보로 조달하려는 상태, 라고도 표현할 수 있다. 달러가 조달난이라는 말은 뒤집으면 엔의 운용난이기도 하다.

전문용어의 이야기가 되지만, 도표5-4의 타이틀은 '크로스 커런시 베이시스가 표시하는 달러 조달 프리미엄'이다. 시장에서는 '엔을 낮은 금리로 운용해도 좋으니 달러를 빌리고 싶다'는 프리미엄은 '크로스 커런시 베이시스'로 부르고 있다. 이 '베이시스'라는 말에는 '본래 없어도 되는지는 모르지만 실제로는 존재하고 있다'는 의미가 깔려 있다. 본래 리보플랫끼리 대차해도 좋았을 거래에 스프레드가 붙어 있기 때문이다. 대체로 해당거래에 모종의 리스크나 수급의 편차가 있어서 거기에 가격차가 발생하고 있다는 것에 베이시스라는 말이 붙는다. 다만, 0.01%를 표시하는 1bp를 가리키는 '베이시스'와는 동음이의어임을 밝혀둔다.

| 도표 5-4 | 크로스 커런시 베이시스가 표시하는 달러 조달 프리미엄

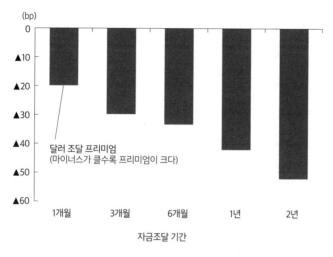

(주: 2015년 7월 현재)

환율개입 후에
실감하는 달러 조달 프리미엄

● ● ●

1장에서 엔의 유동성이 증가한 결과 달러 조달 프리미엄이 증가했다고 설명했다. 양적·질적완화에 기인하는 엔 통화(유동성)의 공급 증가가 엔의 상대적인 운용난에 박차를 가한 것이다. 엔의 유동성 증가가 달러 조달 프리미엄의 상승을 부르는 메커니즘 자체는 2013년 4월의 이차원 완화를 기다릴 것도 없이 2000년대 초 일

본은행의 양적완화 시대부터 서서히 시작되었다. 유동성 증가라는
점에서는 사실 엔 매도의 환율개입도 마찬가지다. 엔 매도 환율개
입이 실시되면 이 메커니즘이 발동한다.

구체적으로 엔 매도 개입으로 달러 조달 프리미엄이 증가하는
국면을 살펴보자. 1달러 80엔으로 엔고가 진행되던 2011년, 일본
은행은 8월과 10~11월에 각각 4.5조엔, 10조엔이라는 대량의 엔
매도 달러 매수 개입을 실시했다. 이때의 개입은 매도한 엔 자금을
곧바로 시장에서 흡수하지 않는, 이른바 '비불태화개입'이었다. 이
것은 일본은행의 당좌예금잔고가 급속히 늘어났다는 점으로 확인

| 도표 5-5 | 엔 매도 개입과 달러 자금조달 프리미엄(2011년)

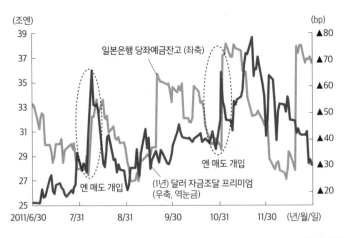

출처: 블룸버그

224

할 수 있다. 즉 비불태화개입은 엔의 유동성을 급속히 증가시킨다. 이때에 베이시스의 마이너스 폭은 확실히 급격하게 확대되고 있어 이 인과관계를 뒷받침한다.(도표5-5)

환율개입으로 인한 유동성의 증가는 일시적인 것으로, 그후의 불태화를 통해 유동성이 흡수된다. 한편, 2013년 이후의 양적·질적 완화는 유동성을 시장에 방치하는 것을 애초에 의도하고 있었다. 때문에 엔을 써서 달러를 조달하는 프리미엄에 항상적인 확대 압력이 걸리게 되었다.

03

재팬 프리미엄은
어디서 시작 되었나

일본 은행들의
해외진출과 금융위기

● ● ●

은행의 해외진출은 1980년대 후반 경부터 1990년대에 걸쳐 눈에
띄게 진행됐다. 이와 병행해서 융자 등을 하기 위해 달러 자금을
조달하는 수요도 증가했다. 1980년대는 하버드 대학 교수인 에즈
라 보겔의 저작 『우리가 일본에서 배울 것은』이 일본을 칭찬하던
시대기도 했다. 데이터를 보면 해외부문에서의 융자잔고가 현재보

다 많고 또 예금을 통해 충분히 자금이 조달되고 있는데, 당시 일본 은행들의 추진력에 경탄이 나올 정도다(도표5-6).

금융기관의 자금조달 경로는 크게 나눠 두 종류가 있다. 하나는 리테일(소매)로, 전형적으로는 예금이다. 또 하나는 홀세일(도매)로, 기관투자가용의 CP^Commercial Paper(무담보 약속 어음)나 채권발행, 인터뱅크 등 시장성 자금조달이 여기 해당한다. 리테일은 코스트가 낮고 기본적으로 안정적인 자금조달방법이다. 그러나 수동적인 자금조달이기 때문에 투자하고 싶은 자산이 있어도 공격적으로 늘리기 어렵다. 한편, 홀세일은 높은 금리를 제시하면 공격적으로 자금조

| 도표 5-6 | 일본 은행들의 해외융자 추이

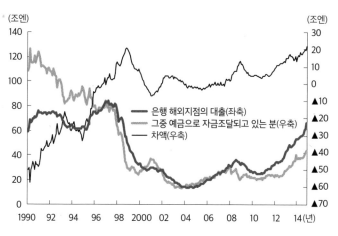

출처: 중앙은행이 발표한 일본 은행들의 해외지점 자산부채 데이터로 작성

달을 늘릴 수 있지만 모종의 경제 위기 상황이 발생하면 자금이 급속히 철수될 리스크도 있다.

1980년대에 예금을 통한 자금조달이 쉬웠던 것은 일본 은행들의 신용력 뿐만 아니라 금융선진국인 미국에서도 당시는 투자신탁 등을 통한 자금운용이 번성하기 전이었다는 사정도 있다. 특히 1986년에 예금금리 자유화가 실시됨으로써 시장금리에 가까운 금리로 예금을 모으기 쉬운 환경이었다고도 추측된다. 투자신탁 잔고가 급속히 확대된 것은 1990년대에 들어서부터다.

재팬 프리미엄이라는 말이 사용되기 시작한 것은 1990년대 후반, 금융기관이 연쇄적으로 파산한 1997년경부터였다. 1개월이라는 짧은 기간에 산요증권, 야마이치증권, 홋카이도 척식은행 등 대형은행의 파산이 줄을 잇고, 다음해는 일본장기신용은행, 일본채권신용은행도 국유화라는 형태로 구제되었다. 이렇게 일본의 금융위기가 현저해지는 가운데 예금을 통한 자금조달은 더욱 곤란해지자, 그 이외의 방법, 즉 수중의 엔을 빌려주고 달러를 빌리는 환율 선물이나 베이시스 스왑이라는 수단이 중요해지게 됐다.

이 시기를 경계로 일본 은행들의 해외융자액은 대폭 감소경향으로 돌아서고 있다. 당시는 국내 금융위기와 동시에 아시아 통화위기도 발생하고 있었다. 따라서 자산 가치 하락 문제와 자금조달 문제가 엎친데 덮친 격으로, 아시아 대상 여신輿信까지 축소됐다.

환율 선물 시장을 경유해 수중의 엔을 써서 달러를 조달해야 하는 일본 은행들이 지불하는 베이시스 스프레드, 즉 달러 조달 코스트의 가산분은 상승했다. 이것이 재팬 프리미엄이다. 과거 데이터에서 보면 그 수준은 1년물에서 거의 0.4% 정도였다. 이 0.4%라는 가산금리는 결코 무시할 수 없다. 그러나 당시 3개월 달러 리보 금리 수준이 5%였고 그 정도의 연쇄파산이 일어난 후라는 걸 감안하면, 지금 돌아봤을 때 그다지 과대해 보이지는 않는다.

당시 상황으로서는 0.4%의 가산금리만 지불하면 달러를 조달할 수 있는 것이 아니라, 민간은행이 달러를 빌리는 일 자체가 차단되어 버렸을 수도 있다. 거래 자체가 억제된 결과 결국 이 정도의 가산금리 밖에 시장에서 관찰되지 않았을 것이라는 가능성도 있다. 그런 의미에서 '최소한 이런 가산금리가 존재했다'라는 식으로 해석하는 편이 좋을 것 같다. 이것은 '가용성availability' 문제로 불리는데, 2010년 이후 재정위기를 겪은 유럽에서도 관찰됐다.

티보-리보 스프레드가
표시하는 재팬 프리미엄

● ● ●

당시의 재팬 프리미엄을 잘 보여주고 있는 지표로서 티보Tibor와 엔

리보의 금리차(스프레드)가 있다. 1997년 말부터 1998년 초에 걸쳐 3개월 리보는 0.8% 정도였음에 비해 3개월 티보는 1.2% 정도로 움직이고 있는데, 양자의 차인 0.4%가 '스프레드'이다. 티보는 Tokyo InterBank Offered Rate의 약칭으로 도쿄시장에서 은행간 단기거래금리다. 같은 엔금리지만 티보와 엔리보의 차가 재팬 프리미엄이라고 파악되는 것은 다음과 같은 이유 때문이다.

티보나 리보의 결정에 있어서는 '픽싱'이라 불리는 다음과 같은 프로세스가 있다. 우선 '패널'이라 불리는 금리결정 무대에 참가하고 있는 십여개 은행이 있다. 이들 은행이 인터뱅크에서의 무담보 거래 금리를 제시하고, 상하 각자 일정수를 제외한 후의 평균치가 티보 또는 리보로 결정된다. 평균치에는 이상異常치에 좌우되기 쉽다고 하는 통계적 성질이 있기 때문에 상하의 동떨어진 값을 제외함으로써 평균치로서의 안정성을 높이고 있다. 통계용어로 '가지치기 평균'이라고도 한다. 지표로서 발표되는 것은 12개월 이하의 단기금리다. 이들의 티보나 리보는 각각 변동금리와 고정금리를 교환하는 금리스왑 거래의 변동금리로서 참조되고 있다. 따라서 실제로 발표되는 것은 12개월까지라도 그 변동금리를 장기로 고정할 수 있는 스왑 거래가 있다는 점에서 장기금리와도 이어져 있다.

당시 티보 패널의 은행은 일본 은행들이 대부분이었고, 단 2개만 외국은행이었다. 지금은 들을 수 없는 추억의 은행명들이 나열되어 있다. 여기에 대해 리보 패널은 구미은행의 비율이 상당히 많다 (도표5-7). 이것은 티보와 리보의 성질상 자연스런 형태로, 지금도 마찬가지다.

1988년 당시의 티보와 리보의 0.4%의 차는 일본의 은행들이 엔을 조달할 때조차 외국은행보다 높은 금리를 지불해야만 했다는 것을 의미한다. 여기에 위화감을 느끼는 독자가 있을지도 모른다. 그러나 사실 외국은행이 엔을 조달할 경우에는 '보유한 달러를 빌려줌으로써 엔을 싸게 빌릴 수 있다'고 하는, 환율 선물(베이시스)의 경제효과를 반영한 것이다. 즉, 티보와 리보의 금리차는 도쿄냐 런던이냐 등의 차가 아니라 각각의 패널 은행의 엔 조달경로 차이를 반영한 것으로 볼 수 있다. 달러를 보유하는 외국은행이 환율 선물 거래를 경유해 엔을 조달하면 일본 은행들보다 코스트가 낮은 것은 오히려 당연해진다.

당시의 엔 금리 자체가 현재만큼 낮지는 않았기 때문에 외국은행이 환율 선물 거래를 경유해 0.4%분 엔 조달 코스트를 내려도 마이너스 금리까지는 이르지 않았을 뿐이란 것이다.

여기서 중요한 것은 이러한 과거의 재팬 프리미엄의 발생 경위가 금융위기, 즉 은행 문제였다는 것이다. 당시 괴로운 것은 은행이고, 정부는 도와주는 쪽이었다. 위기가 발생했을 때 공적자본 투입 등의 개입을 해서 금융시스템을 지킨다고 하는 도식이 있었다.

| 도표 5-7 | 1998년의 리보 및 티보 패널 은행

리보 패널	티보 패널

● 자국은행

리보 패널	티보 패널
도쿄 미쓰비시 은행(현 미쓰비시 도쿄 UFJ)	
산와은행(현 미쓰비시 도쿄 UFJ)	
제일권업은행 (현 미즈호)	
후지은행(현 미즈호)	
일본 흥업은행(현 미즈호)	
스미토모은행(현 스미토모미쓰이)	
도카이은행(현 미쓰비시 도쿄 UFJ)	
사쿠라은행(현 스미토모미쓰이)	
	아사히은행(현 리소나)
	일본장기신용은행(현 신생)
	미쓰비시신탁은행(현 미쓰이스미토모신탁)
	스미토모신탁은행(현 미쓰이스미토모신탁)
	미쓰비시신탁은행(현 미쓰비시 UFJ 신탁)
	야스다신탁은행(현 미즈호 신탁)
	농림중앙금고
	전신련(현 신금중앙금고)

● 외국은행

리보 패널	티보 패널
바클레이즈 은행(영)	
JP모건은행(미)	
뱅크오브아메리카(미)	
시티뱅크(미)	
낫웨스트뱅크(영)	
중국은행(중국)	
HSBC은행(홍콩)	
UBS은행(스위스)	
	CSFB은행(스위스)

(주: 외국은행의 명칭은 당시 그대로 표기했다.)

출처: Vincentiu Covrig, Buen Sin Low, Michael Melvin,
"A Yen is not a Yen", Journal of Financial and Quatitative Analysis,
2004, 동논문은 BBA(영국은행협회)과 전은협에서 인용

04

일본의 신용등급 하락과
재팬 프리미엄의 확대

일본 신용등급 하락이
현실이 되다

• • •

2000년 무렵 일단 재팬 프리미엄은 수습되고, 그 지표가 되는 베이시스 스프레드는 마이너스에서 0% 부근까지 회복됐다. 그러나 2002년경부터 S&P나 무디스 등 국제적인 주요 신용평가기관이 일본의 신용등급을 사채급인 싱글A로 강등시키자, 다시 베이시스 스프레드의 마이너스 폭이 확대되기 시작했다. 싱글A는 아프리카의 보츠와나와 같은 등급이라는 점에서 신용력의 저하를 상징적으로 나타냈다. 블룸버그 데이터에 따르면 1년물의 스프레드는 마이너스 0.1% 정도였지만, 30년물에서는 마이너스 0.3%로까지 확대되는 국면이 있었다.

또한 크레디트 디폴트 스왑CDS이라는 디폴트 이벤트에 대한 보증거래가 확대된 것도 이 무렵이다. 이 거래에서는 보증 제공자가 정기적으로 보증료를 수취하는 대신에 대상이 디폴트될 경우 사채나 론 등의 채권을 액면으로 사들일 의무를 진다. 애초에 론이나 사채에 투자하고 있던 사람에게는 경제적인 리스크는 같다. 한편 론처럼 당사자끼리 거래하는 수고가 없다거나 사채처럼 현물이 입수되지 않을 염려가 없다는 것에 비하면, 가벼운 '신용리스크 투자'로 볼 수 있다. 원래 민간기업에 대한 거래가 주류였던 CDS가 일본이라는 나라에 대해서도 거래되게 되었다는 것은 그만큼 일본의 신용리스크에 대한 관심이 커졌다는 증거다.

일본 신용리스크에 대한 CDS 거래를 두고 그 당시에는 '애초에 국가에 대해 CDS를 거래하는 의미가 있는가?'라는 논의도 있었다. 기업의 디폴트와 국가의 디폴트는 애초에 법적인 구조가 다르기 때문이다. 지금도 그 질문에 대한 답은 없다. 다만 이미 일본 소버린 CDS가 유동성이 낮긴 해도 거래가 되고 있는 상황에서 '존재의의가 있는가?'를 깊이 논의해봤자 소용이 없다. 그보다 중요한 것은 일본의 CDS가 달러표시라는 점이다.

달러표시로 거래한다는 의미는 1달러=100엔일 때에 액면 1억엔 =100만 달러로 체결한 CDS라면, 일본이 디폴트되었을 때에 예컨 대 1달러=150엔의 엔저가 되었어도 100만 달러의 가치를 보증하 는 계약이 되어 있다는 뜻이다.

일본이 디폴트되었을 경우에는 엔의 가치가 상당히 떨어져 있을 것이므로, 일본 CDS의 의의의 절반은 통화옵션이라고도 설명할 수 있다.

이렇게 일본 '소버린' CDS 거래가 시작되고, 신용등급이 보츠와 나와 동격으로 추락하는 등, 일본의 신용력 저하에 대한 인식이 확 실히 확대되고 있었다. 그러나 아직 당시는 일본의 소버린 리스크 에 대해 2009년 이후 만큼의 위기감은 발생하지 않았다고 생각한 다. 국가의 채무는 많아도 금융시스템이 1990년대 후반의 위기로 부터 안정을 회복했고, 2003년 6월 리소나 은행 국유화는 그 최종 라운드로 간주되었다. 또한 우정민영화나 부처통합으로 상징되는 고이즈미 내각(2001~06년)의 구조개혁은 국제적으로도 높게 평가받 고 있었다. 저출산 대책, 부흥, 올림픽, 1억 총활약담당까지 연이어 장관직이 창설된 2009년 이후의 동향과는 대조적이었다.

따라서 이 무렵의 베이시스 스프레드의 확대는 재팬 프리미엄이 라기보다는 오히려 기술적인 측면을 강조해 설명하는 일이 많았다. 구체적으로는 30년이라는 초장기 구조화 채권이 많이 조성되었다는 것이다.

구조화 채권 붐에 가려진
재팬 프리미엄

● ● ●

2000년대 전반 일본은행은 제로금리정책과 양적완화 정책이라는, 당시의 글로벌 표준에서 보면 실험적인 금융완화 정책을 실시하고 있었다. 미국의 FRB도 역사적인 저금리정책을 취하고 있었지만, 그래도 정책금리는 1%나 됐다. 엔 금리만이 주요국 중에서 눈에 띄게 낮았고, 특히 2002~03년에 걸쳐 10년물 국채 금리는 급속히 1% 밑으로 떨어져 갔다. 그런 중에 어떻게든 엔의 운용이율을 높이고자 하는 투자가의 강한 니즈에 응답한 것 중 하나가 구조화 채권이었다.

구조화 채권은 보통 채권에 파생상품 등을 짜넣어 보다 높은 이율을 실현한다. 투자가로서는 파생상품 하나로 거래하는 것보다 채권에 파생상품을 편입하는 편이 자산을 구입하는 형태라서 보다 자연스럽다. 또한 파생상품만 거래하는 것보다 실무상의 수고가 적은 면도 있다.

그런데 돈을 빌리는 쪽인 채권 발행주체는 그런 구조에는 관심이 없다. 때문에 증권회사가 중개 형태로 파생상품 부분만 별도로 헤지 스왑을 함으로써 발행주체의 리스크를 완전히 상쇄한다. 발행주체는 경제적으로는 구조가 없는 경우와 같은 형태의 자금조달을 할 수가 있다. 단, 발행주체는 그러한 파생상품의 '박스'가 되는 대가를 헤지 스왑에 반영받음으로써 최종적으로 얼마간 낮은 코스트로 자금조달을 할 수 있다. 이 점은 구조화 채권을 내는 발행주체 쪽의 인센티브가 됐다.

이 무렵의 구조화 채권의 발행주체는 비교적 신용등급이 좋은데도 국채 대비 약간의 신용리스크 스프레드가 얹혀진 EIB(유럽투자은행)나 SEK(스웨덴수출신용은행)등 국제기관이나 준공적금융기관 등이 많았다. 이 기관들은 본래 엔을 조달할 필요가 없다. 따라서 구조화 채권의 발행주체가 됨으로써 조달한 엔을 운용하여, 빌리고자 하는 달러를 다시 빌려야 하는 절차가 필요해진다. 이렇게 해외 발행주체의 구조화 채권 조성이 늘어나면 엔의 운용난 정도도 심해진다. 즉, 재팬 프리미엄인 베이시스 스프레드가 확대된다.

이 무렵의 대표적인 구조화 채권으로 '리버스 듀얼 커런시 본드'가 있다. 원본은 엔화 표시고 쿠폰(이표)이 달러표시기 때문에 듀얼 커런시라는 이름이 붙었다. 듀얼은 듀엣과 같은 어원으로 '두 가지'라는 의미다. 엔의 쿠폰을 선물 환율로 달러로 교환함으로써 비싼 달러 쿠폰이 부여됐다. 환율 선물 이론에서 설명한 것처럼 달러 금리가 엔 금리보다 높기 때문에 금리재정에 따라 선물 환율은 현물 환율보다 엔고가 됐다.

선물 환율은 금리차가 클수록, 또 만기가 길수록 엔고가 된다. 당시의 달러-엔 금리차는 4% 가까이 됐다. 그렇다면 현물 환율이 1달러 120엔이라도 30년 후의 선물 환율은 60엔 수준이 된다. 30년 후의 엔 금리 2%는 달러 금리 4%가 된다는 얘기다. 엔을 비싸게 팔 수 있으니 달러 쿠폰이 비싸진다고 하는 '금리재정'이 작용하는 것이다. 때문에 30년이라는 장기로 만기를 설정하는 경우가 많았다. 물론 30년 전체를 통한 평균 선물 환율로 계산하면 달러로 4%까지는 못 미치고 3% 정도가 된다. 또한 기관의 신용등급도 높을 때가 많아 30년물 채권의 발행도 가능했다. 만기가 30년이라면 기관은 조달한 엔에 대해 30년의 운용 니즈가 발생하고, 베이시스 스프레드의 확대도 30년에 집중하는 형태가 됐다.

실은 구조화 채권이 아니라도 해외 기관이 엔화 표시 채권을 발행하는 경우에는 엔의 운용난이라는 요인이 작용한다. 즉, 애초에 필요치 않은 엔을 빌려오기 때문에 그 엔의 운용이 필요해지는 점은 구조화 유무와는 관계없다. 해외 발행주체가 일본 국내에서 발행하는 사무라이 본드나 유로 시장에서 발행하는 유로엔 채권이 그 대표적인 예다.

이러한 구조화 채권이나 사무라이 본드 발행의 그늘에 숨은 재팬 프리미엄의 확대 배경에는 엔의 운용난이 있음을 인식할 수 있을 것이다. 하지만 그것을 '일본의 리스크'라고 글자 그대로 해석하는 데에는 위화감이 들지 모른다. 그러나 구조화 채권 발행의 원인을 따라가 보면, 일본의 금리가 너무 낮아서 이율을 절실히 추구하는 투자가가 있었다는 사실, 즉 금융완화로 귀착된다. 그리고 동시에 일본에서는 신용등급 하락을 당할 만한 재정정책이 실시되고 있었다.(고이즈미 정권은 구조개혁은 했지만 소비세 증세는 못했다).

이렇게 돌아보면 구조화 채권 증가에 원인을 둔 재팬 프리미엄 확대라는 기술적인 관계도 일본의 재정 리스크와 틀림없이 이어져 있다.

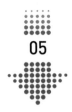

05

서브프라임 위기와
유럽 재정위기의 결과는?

리먼 사태에는
긴 서곡이 있었다

● ● ●

미국의 서브프라임 문제는 리먼 사태가 일어나기 1년 이상 전부터 심각했었다. 이 사태의 원인은 서브프라임 모기지라는 신용도가 낮은 개인용 융자가 불량자산화된 것으로 관련 상품의 손실이 확대되면서 세계적인 금융위기로까지 발전했다. 주요한 지표 이벤트로서는 2007년 8월 서브프라임 상품에 투자한 펀드의 해약청구가 일시 동결된 BNP파리바 사태, 동년 9월 영국의 주택금융전업인 노던 록 은행의 파산, 2008년 3월 베어스턴즈 증권의 구제 등이 있다. 미국의 대표적인 주가지수인 S&P는 이미 2007년 10월에 최고점을 찍었다. 이런 일련의 사건들을 되돌아보면 미국 대형증권회사인 리먼 브러더스의 파산에는 충분하고도 남는 서곡이 있었다고 생각된다.

리먼 사태 후 유럽 재정위기가 본격적으로 시작된 것은 2009년 10월경부터다. 2010년에는 본토 유럽에서의 그리스 문제뿐 아니라, 아일랜드에서 은행이 국유화되는 등 상황이 악화됐다. 서브프라임 위기와 유럽 재정위기의 사이에 약간 시차가 있고 또 성질이 다른 면도 있다는 점에서 별개로 분석되는 일이 많다. 그러나 금융위기에 얽혀 달러자금 조달이 곤란했다는 점에서는 공통점이 많기 때문에 이 책에서는 함께 논의하기로 한다. 또한 유럽 재정위기의 수습에 있어서는 결정적인 순간이 있는 것도 아니다. 하지만 금융시장이 재료시했는지 여부로 봤을 때, 2012년 7월 그리스의 유로 탈퇴가 진지하게 논의되던 시기를 정점으로 수습이 되어갔다고 보는 시각이 많다.

이 두 번의 위기 때는 일본의 금융기관에 구미의 은행만큼 커다란 손실은 발생하지 않았다. 이미 1990년대의 일본발 금융위기가 계기가 돼 달러 자산이 축소됐던 것이 불행 중 다행인지, 상대적으로는 건전성을 유지할 수 있었다. 한편 유럽계 은행은 일본을 대신

하듯 2000년대 초부터 신흥국을 포함한 달러자산에의 투융자를 확대하고 있었다.

따라서 이 두 번의 위기로부터 발생한 달러 자금조달 코스트 상승의 원흉은 유럽 프리미엄이었던 것이다. 그러나 유럽계 은행이 달러 자금조달에 허덕이고 있을 때 일본의 은행들도 전혀 영향을 받지 않을 수는 없다. 또한 일본 은행들은 위기 후에 달러자산을 줄이고자 하는 유럽계 은행으로부터 달러자산을 매수하는 형태로 해외사업 재확대를 노렸다. 때문에 일본 은행들의 달러 자금 조달 수요는 증가했고, 유럽 프리미엄의 일부가 재팬 프리미엄으로 전

| 도표 5-8 | 금융위기 중 유로 및 엔으로 달러를 조달할 때의 프리미엄

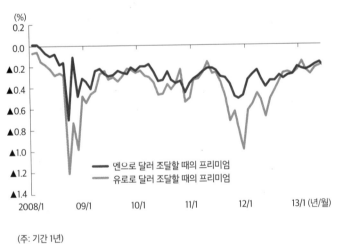

(주: 기간 1년)

출처: 블룸버그

파되는 하나의 중요한 경로가 됐다.

유로로 달러를 조달할 때의 프리미엄과 엔으로 달러를 조달할 때의 프리미엄을 1년물의 크로스 커런시 베이시스 스프레드로 비교하면, 도표5-8과 같이 된다. 지금까지와 마찬가지로 시장관행에 따라 마이너스 폭이 크면 조달 프리미엄이 크다고 하는 형태로 표시하고 있다. 1% 이상의 프리미엄이 붙어있던 것은 리먼 사태 후인 2008년 10월부터 반년 정도다. 2009년 10월경 시작된 유럽 재정위기 시에는 리먼 사태와 비교하면 만성적으로 중간 정도의 충격이 계속되었던 점도 있어 갑자기 거대한 프리미엄이 붙는다는 느낌은 아니었지만, 프리미엄이 확대되는 기간은 더욱 장기화되어 갔다.

CP시장에서 천국과 지옥을
본 유럽계 은행

● ● ●

2000년대 초 일본의 은행들이 해외자산을 축소할 때 유럽계 은행들은 확대노선을 추구했다. 이때 자금조달은 주로 홀세일에 의존했었다. 특히 미국에서의 CP 발행이 중요한 자금조달원이 되어, 미국 CP시장 확대의 약 7할을 유럽계 은행이 차지하게 됐다. (도표5-9)

그 결과 유럽계 은행이 달러표시 CP를 발행하고 그 상당부분에

(억 달러) / (억 달러)

외국 은행분(우축)

금융기관발행 달러 CP잔고(좌축)

2001/1 03/1 05/1 07/1 09/1 11/1 13/1 15/1 (년/월)

출처: FRB

미국 머니마켓펀드MMF가 투자하는 구조가 확대되어 갔다. 유럽계 은행으로서는 CP를 무담보로 발행할 수 있고, 단기라는 점에서 장기보다 코스트가 낮다는 것이 메리트였다.

그러나 리먼 사태로 실제 리먼의 CP가 채무불이행에 빠진 영향으로 단기자금이 단기 미국채 등으로 빠져나가자 미국 CP시장은 급속히 위축됐다. 달러를 조달하고자 하는 유럽계 은행에는 재팬 프리미엄이 아니라 '유럽 프리미엄'이 발생했다. 미국에서 해외기업이 발행하는 달러채무에는 '양키'라는 닉네임이 붙어있기 때문에 '양키 프리미엄'이라는 표현도 쓰이고 있다.

리먼 사태 직후부터 단 몇주라는 짧은 기간에 CP와 마찬가지로 무담보 금리인 3개월 달러 리보는 2.8%에서 4.8%로 2% 가까이나 상승했다. FRB가 이미 금리인하 국면에 들어갔던 것은 아랑곳하지 않고. 유럽계 은행은 맹렬히 환율 선물 시장 문을 두드려 수중의 유로를 써서 달러를 조달하지 않으면 안되는 상황이었다. 때문에 환율 선물 시장에서 유로 베이시스의 마이너스 폭이 급격히 확대됐는데, 눈앞의 자금을 확보해야 할 필요성 때문에 특히 단기 시장에서 마이너스 폭의 확대가 두드러졌다.

유럽계 은행이 달러 자금 확보에 매진하는 가운데, 미국 재무성이나 FRB는 MMF의 일시적인 원본보증과 CP의 매입 프로그램을 설정해 유동성 공급에 노력했다. 또 결코 싼 비용은 아니었지만 약 1%의 추가금리를 지불하면 달러를 무제한으로 공급하는 계획안도 주요 중앙은행 간에 합의되었다. 시장기능이 저하되고 있을 때는 가격을 올려도 공급이 늘지 않는 '가용성' 문제가 생긴다. 즉, 비용을 아무리 지불해도 자금조달이 불가능하다는 것은 단순히 조달비용이 상승하는 것보다 훨씬 큰 문제다. 1%의 과금은 중앙은행이 유동성의 안전망은 제공하지만 보조금은 제공하지 않는다는 규율에 따른 설정이었다.

그러나 안전망이 제공된 것만으로도 시장은 안도했다. 서서히 유럽계 은행도 달러자산을 떨어트림으로써 자금조달 니즈를 줄여갔고, 유럽발 달러 조달 프리미엄은 2010년경 일단 축소됐다.

달러는 어디로 갔을까? – 미국 MMF의 최근 상황

미국 MMF(머니마켓펀드)는 2000년대 초에 유럽계 은행의 중요한 달러 자금원이 됐다. 2014년 중의 잔고는 2.6조~2.7조 달러대에서 추이하고 있다. 그중 6할 정도가 투자대상이 국채에 한정되지 않는 '프라임'이라는 타입으로, 일본 은행들 입장에서도 직간접적으로 중요한 달러공급원이 되고 있다.

그 잔고는 미국주식의 시가총액인 20여조 달러에 대해 10% 이상으로 큰 편이다. 참고로 일본의 MMF 잔고는 13조엔으로 주식시가총액 500조엔에 대해 3% 미만, 유로권에서는 4%대 정도다.

미국 MMF의 역사는 1970년대로 거슬러 올라간다. 오일쇼크 후의 인플레로 단기금리는 10% 이상으로 상승했지만, 당시는 예금금리가 규제되고 있어 예금자는 시장금리를 누릴 수 없었다. 때문에 미국단기증권 등을 편입시킨 투자신탁을 설정해 예금으로부터 자금 이동을 노린 MMF시장이 만들어졌다. 1980년대에는 예금금리 규제가 철폐되자 예금과의 자금획득 경쟁이 이어졌다. 1990년대에 들어서는 미국은행이 S&L(저축대부조합) 위기를 거쳐 예금금리 경쟁을 하지 않게 되자, 다시 MMF로 자금이 이동하기 쉬워졌다. 2000년대 들어 FRB가 정책금리를 1%라는, 당시로서 역사적 최저수준으로 인하함으로써 MMF의 이율은 떨어졌지만, ABCP(자산담보CP)나 유럽계 은행 발행 CP등을 편입함으로써 어느 정도는 메워졌다.

MMF는 예금과의 대체 관계가 극도로 강한데, 여기에 투자되는 돈은 '원금 보장'과 '즉시 현금화 가능'을 중시하는 지극히 보수적인 성질의 것이다. 원금 보장에 집착하는 것은 일본의 투자가들만 그런 게 아니다. 미국에도 위험 등급이 높은 자금이 있는 한편, '수익은 적어도 좋으니 원금 보장이 절대적'이라고 여기는 자금도 있다. 프라임형 MMF는 국채 이외의 증권에 투자할 수 있는 대신에 신용력이 높은 금융기관에 한정해 거래를 하고 있다.

MMF와 직접 거래할 수 있는 금융기관은 그 달러를 FRB의 초과지준부리나 MMF와는 직접 거래할 수 없는 중소 미국은행에 대한 여신, 또는 높은 스프레드가 얻어지는 크로스 커런시 베이시스 시장 등에서 운용해 차익을 얻고 있다. FRB의 초과지준부리는 0.25%로, 0.1% 전후의 시장금리와 비교해 차익이 남을 만한 수준이다. 이 중개 업무는 차익에 비해서 총자산을 부풀리기 때문에, 재무상태표 규제가 더 엄격한 미국 은행들은 굳이 따지자면 이 업무에 소

극적이다. 일본 은행들의 경우는 단기 홀세일 시장에서의 조달 의
존도가 애초에 낮고, MMF에서의 직접조달은 양도성 예금^{CD} 정도
다(도표5-10).

MMF의 보수적인 운용자세는 엄격한 규제 때문이기도 하다. '즉
시 인출 가능'이라는 관점에서 평균 만기기간과 편입하는 개별채
권의 최대만기에 관한 상한이 정해져 있다. '원금 보장' 관점에서는
투신의 기준가액으로서 항상 100을 유지하기 위해 운용하는 사명
을 지고 있다. 투신으로서 시장성 자산을 보유하고 있는 한 시가에
의한 가액 변화는 당연한데, 시가가 아닌 장부가 평가(할인채에 관해
서는 상각원가법)를 인정함으로써 100을 유지하는 형태가 되었다. 또
원금=100으로 고정돼 있으면, 자본 이득이나 손실 없이 세금과 회

| 도표 5-10 | MMF에서 달러가 흘러가는 방식

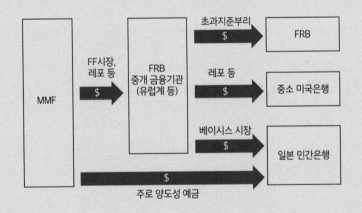

계의 문제로부터 해방되는 것도 이점으로 파악할 수 있다.

평상시라면 장부가 평가라도 문제없다. 그러나 단기적으로 많은 액수의 해약이 발생하면 실제로 자산을 매각해야 하고, 매각가격이 낮으면 100으로 상환할 수 없는 사태가 발생한다. 때문에 실제로 리먼 사태 직후와 같은 위기 상황에서는 MMF의 해약 쇄도와 보유채권 투매의 악순환이 발생했다.

2014년 7월에 미국 증권거래위원회SEC는 프라임 MMF에 대해서 2016년 10월까지 시가평가방식을 도입하는 형태로 규제를 변경했다. 장부가 평가 하에서 표면적으로는 원금=100으로 기준가액이 공표되어도 투자가가 '어쩌면 시가는 99일지 모른다'고 염려하게 되어 해약이 쇄도할 가능성이 있다. 그것보다는 99.8이든 99.5이든, 정확한 기준가격이 발표되는 편이 투자가의 의심증과 해약쇄도를 회피할 수 있다는 관점에서다. 가령 원금 밑으로 떨어졌더라도 99.8 정도의 원금손실이라면 90과는 다르기 때문에 과잉반응적인 해약을 억제하기 쉽다고 생각했다. 동시에 상황에 따라서 물리적인 해약 제한도 가능해지는 제도까지 도입되었다.

이 제도 변경에 대해서는 당혹감이 컸다. 아무리 자산가치를 유지하기 위해서라도 '원금 보증'과 '즉시 인출'이라는 보통예금과의 대체성이 현저히 손상되기 때문이다. 이미 몇 종류의 프라임 MMF는 옛날식 장부가 평가를 적용할 수 있는 국채 한정 MMF로 변경을 예정하고 있다. 그렇게 하면 미국 내에서의 단기자금이 국채에 집중돼 운용난이 심해지는 한편, 일본 은행들을 포함한 해외로부터의 달러 자금 수요에 응할 수 있는 달러는 줄어버린다. 그렇게 달러 공급이 편중되기 쉬워지는 것이다.

자산을 줄이지 않으면
돈을 계속 빌릴 수밖에 없다

● ● ●

서브프라임 문제에서 하나의 중요 포인트는 유동성이 지극히 낮은 자산이 불량채권화했다는 점이다. 그것들을 간단히 매각할 수 없는 이유는 주택론 등 개인 대상이 많기 때문에 여신처의 정보가 부족했거나 다중구조의 증권화 상품 등 자산의 구조가 복잡했다는 점, 또 원래 매각을 상정하고 있지 않은 융자 등의 계약형태를 취하고 있었던 점을 들 수 있다.

물론 지극히 낮은 가격이라면 매각이 가능할지도 모른다. 그러나 그러면 상당액의 매각손을 확정하게 된다. 그것보다는 아직 손실 가능성으로 끌어안고 있다가 장차 가격이 회복되기를 기다리고 있는 편이 낫다고 판단하는 것도 충분히 가능하다. 대신에 그 자산을 계속 보유하기 위해서 필요한 자금조달은 아무리 코스트가 비싸도 멈출 수 없다.

자금조달 코스트의 상승으로 역마진이 발생하여 자산의 매각손을 확정할 것인가, 역마진을 (일시적이라 판단하고) 수용할 것인가의 문제를 두고 심리적으로 후자를 선택하기 쉽다. 금융기관도 사람이 운영하는 것이라, 손실확정이라는 고통을 현시점에서 어떻게든 뒤로 미루려는 쪽이 합의를 얻기 쉽다.

여기서 자산을 매각하면 자금조달을 할 필요가 없어진다는 의미에 대해 수치예를 써서 이해를 돕고자 한다. 처음에 2%의 현금흐름이 예상되는 자산을 1%의 자금조달 코스트로 100만큼 구입했다고 하자. 당면한 차익은 1%이다. 그런데 자산가격이 떨어져 50이 됐다고 치자. 동시에 자신의 자금조달 코스트도 점프해 2%가 되어버렸다고 하자. 리먼 사태 직후의 3개월 리보는 분명히 2% 가까이 상승했다. 자산가격이 50이나 하락했을 때는 자산으로부터의 현금흐름도 비정상일 경우가 많기 때문에, 자금조달 코스트분의 2%가 몽땅 역마진이 되기 쉽다. 이러한 상황을 1년간 견디는 일은 자산가격이 48(=50-2)이 되는 것을 각오하는 것과 같다.

투자에서 최대의 손실은 '원금을 모두 잃는 것'이라고 생각하기 쉽지만, 그것은 돈을 빌리지 않고 투자하고 있을 경우다. 돈을 빌려서 투자하고 있다면 원금 이상의 손실도 충분히 있을 수 있다. 가령 자산가격의 하락이 멈추더라도 그 자산에 대한 총수익은 자금조달 코스트만큼 쑥쑥 마이너스가 커지게 된다. 따라서 자금조달 코스트가 높아지고 있을 경우에는 '언젠가 자산가격이 상승할지도 모른다'며 기다리고 있기는 어려워진다.

이때 자산을 50으로 매각하는 것은 자본이 50만큼 줄어든다는 것이다. 즉 자본을 줄임으로써 빌려온 100 중의 50을 변제하여 자금조달을 불필요하게 함으로써 청산한다. 물리적으로 자산을 매각하지 않아도 50으로 자산가치를 줄이는 회계상 '감손처리'를 하면, 필요한 자금조달액은 절반이 된다.

자금조달 코스트의 상승이 수개월 단위로 이어지면, 역마진을 못 견디고 강제적인 자산매각이 진행된다. 유로로부터 달러 자금조달 프리미엄이 감소해 가는 과정에서는 이러한 자산매각을 통한 자금 조달 수요의 감소효과가 컸다. 은행의 신용리스크는 결국 은행이 어떠한 자산을 갖고 있는가를 반영한다. 불량자산을 축소하는 것은 은행의 신용리스크 개선으로 이어지고, 결국 자금조달 코스트도 줄어든다. 서양 속담에 "You are what you eat"(당신이 무엇을 먹는가가 당신을 만든다)라는 표현이 있다. 은행의 자산과 부채의 관계도 딱 그대로다.

중앙은행의
달러 무제한 공급 가격정책

• • •

리먼 사태 후에 미국 CP시장이 급격히 축소했을 때, 중앙은행이 1%의 추가 금리로 달러를 무제한 공급함으로써 유럽계 은행의 자산 투매는 어느 정도 회피할 수 있었다. 이러한 시책의 성패는 가격에 달렸다. 너무 싼 비용으로 자금을 공급해 버리면 은행은 불량

채권이라도 보유를 계속해 버린다. 역으로 비용이 비현실적일 만큼 높으면 시책은 이용되지 않을지도 모른다. 은행의 자산 투매는 회피하면서도 자산 축소 동기를 잃지 않게 하는 가격정책이 관건이다. 1% 금리의 달러 무제한 공급 하에서 유럽계 은행이 서서히 자산을 축소해 재무상태표를 깔끔하게 정리해 나간 것은 탁월한 가격정책이었다고 생각한다.

그러나 2011년 중반 경부터 다시 유로화에 대한 달러 조달 프리미엄이 확대됐다. 그 프리미엄이 본래 안전망 가격이었던 중앙은행의 1% 추가 금리에 거의 견줄 만한 국면도 나오기 시작했다. 중앙은행에 돈을 빌리러 가면 '자금융통이 힘든 은행'이라는 소문이 퍼져 시장 거래에 악영향을 준다는 평판Reputation 리스크를 우려하는 은행도 있다. 또 중앙은행에서는 담보 없이는 못 빌리는데, 외화를 빌릴 때는 100만큼의 담보에 대해 80밖에 못 빌리는 설정이라 그 또한 부담이 되었다. 이 100에 대한 80을 평가율이라고 한다. 평가율이 작으면 실질적인 코스트가 증가한다. 이런 요인 때문에 중앙은행을 통하지 않고 환율 선물(베이시스) 시장에서 자금조달을 계속하는 은행도 있었다.

그렇지만 중앙은행이 더 싸게 달러를 공급해 주게 되면, 민간은행은 평판 리스크보다 경제성을 우선해 중앙은행에 달러를 빌리러 간다. 2011년 11월에 중앙은행은 달러 공급에 대한 추가금리를 1%에서 0.5%로 낮추고, 또한 담보의 평가율을 88%까지 올렸다. 이 시책의 영향으로 유로화에 대한 달러 조달 프리미엄은 유럽 재정위기가 절정에 달한 2012년 7월보다 반년 이상 전에 줄어들기 시작했다. 엔화에 대한 달러 조달 프리미엄도 덩달아 축소됐다.

그러나 중앙은행에 의한 자금공급이 안전망에서 보조금적인 성격으로 변해 버리면, 달러 조달 프리미엄을 축소하는 효과도 좀 복잡하게 변한다. 즉, '중앙은행에 가면 달러를 싸게 조달할 수 있으니, 시장에서 굳이 코스트를 지불할 필요는 없다'고 생각하는 은행이 늘어나기 때문에 시장거래의 비용이 낮아진다는 정직한 파급경로만 있는 것이 아니다. 오히려 '중앙은행에서 싸게 빌렸으니 그렇게 득을 본 만큼을 이용하면 시장에서는 코스트가 높은 자금도 얻을 수 있다'고 생각하는 은행이 나오기 때문에 시장거래에서의 비용이 오히려 상승해버리는 역의 파급경로도 있다. 이처럼 서로 다른 방향으로 동시에 반응이 온다는 것을 머리에 담아두면 좋을 것이다.

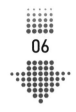

06

엔 캐리 트레이드가 유행하면
재팬 프리미엄이 낮아진다

엔고·엔저 경향의
커다란 흐름

• • •

재팬 프리미엄과 관계가 깊은 또 하나의 요인으로서 '엔 캐리 트레이드'를 들 수 있다. 그 동향을 살펴보기 전에 우선 달러-엔 환율의 커다란 흐름을 잡아두기 바란다.(도표5-11)

　환율의 변동에는 양 통화의 금리차가 중요한데, 금리인하는 일반적으로 통화약세 요인이다. 미국 FRB는 2001년부터 이미 금리인하 사이클에 들어갔는데, 어느 정도 한바퀴 돌았다고 생각된 금리 인하가 2002년 11월에 다시 실시되자 달러 약세, 엔 강세 경향이 가속됐다. 이에 대해 일본은행이 대량의 엔화 매도 개입을 단행했다.(도표5-11①)

그러나 FRB가 2004년부터 금리인상 사이클에 들어간 무렵부터 엔저 경향으로 바뀌었다(도표5-11②). 그후 서브프라임 문제가 확대되기 시작해, FRB가 다시 금리인하 사이클에 들어간 2007년경부터 강한 엔고 경향으로 바뀌었다. 이것은 유럽 재정위기가 수습되는 2012년까지 계속돼, 피크 때의 환율은 76엔이었다(도표5-11③). 2012년 종반부터 엔저 경향으로 바뀐 것은 많은 독자들의 기억에 새로울 것이다.(도표5-11④)

| 도표 5-11 | 달러-엔 환율의 커다란 흐름

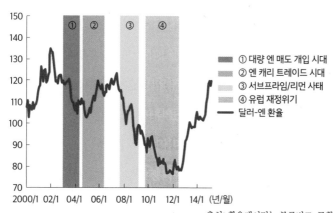

출처: 환율데이터는 블룸버그, 구획은 필자

재팬 프리미엄의 해소를 재촉한
엔 캐리 트레이드

● ● ●

엔 캐리 트레이드라는 말은 2000년대 초 무렵부터 들려왔다. 실제로 그런 거래가 두드러지게 된 것은 어느 정도 엔고가 진정된 2004년경부터다. 제로금리정책 하에서 엔 단기금리가 오로지 0.1% 이하로 추이해 가던 것에 비해 달러 등의 금리는 4~5%라는 고수준이었다. 같은 달러 금리라도 신용리스크·스프레드가 가산되어 있는 신흥국 채권의 금리는 더욱 높았다. 신흥국은 자국통화로는 차입이 어렵기에, 국채도 달러 표시로 발행되는 경향이 있었다. 그런 상황에서는 금리가 낮은 엔으로 돈을 빌려 그것을 현물 시장에서 달러로 바꿔 달러 자산에 투자하면 차익을 남길 수가 있다. 이것이 엔 캐리 트레이드의 기본형이다.

엔 캐리 트레이드에서는 빌린 엔으로 달러를 사기 위해 현물 환율거래를 한다. 때문에 거래 개시 때에 엔 매도 압력이 생기는 것은 확실하다. 이를 두고 엔 캐리 트레이드가 유행해서 엔저가 진행됐다고 설명하기도 한다. 그러나 원래 엔고 경향이 있을 만한 때에는 엔 캐리 트레이드를 애초에 하기 어렵다. 이것은 엔 캐리 트레이드를 청산할 때 엔고가 되면 빌린 엔의 가치가 상승해 모처럼 얻은 보유수익을 날려버릴 수도 있기 때문이다. 따라서 일본은행이 대량의 엔 매도 개입을 할 정도로 엔고일 때는 아무리 금리차가 있어도 엔 캐리 트레이드는 유행하지 않는다. 이렇게 엔 캐리 트레이드와 엔저의 관계는 깊지만 일방적인 인과관계는 아니다.

엔 캐리 트레이드는 헤지펀드만이 아니라 다양한 "투자가"들에 의해 이뤄졌다(칼럼4). 이러한 엔 캐리 트레이드는 환율 선물 거래를 통한 달러 자금조달과는 전혀 다르다. 즉, 환율 선물 거래를 통한 달러 자금조달은 융자 등의 달러 자산에 투자하기 위해 달러를 빌려오는 행위임에 비해, 엔 캐리 트레이드에서는 빌려오는 것이 엔이다.

재팬 프리미엄은 '엔이 남아돌아 운용난인 상태'에서 시작됐다. 즉, '엔을 초저금리로 운용해도 되니 달러를 빌리고 싶다'는 니즈가 재팬 프리미엄이다. 다시 말해 엔을 빌리고자 하는 니즈인 엔 캐리 트레이드가 유행한다는 것은 재팬 프리미엄 입장에서는 해소요인인 것이다.

엔 캐리 트레이드는 재팬 프리미엄을 해소시키지만 동시에 통화도 약하게 만든다고 하면 직관적인 이해가 어려울 수도 있다. 엔 캐리 트레이드에서는 엔의 조달이라는 자금거래와 엔 매도 달러 매수의 현물 환율거래라는 별개의 거래가 우연히 동시에 이뤄졌기 때문이다. 그러므로 직관적이지 못한 것은 당연하다고 할 수 있다. 다만 이 두 가지 거래가 뭉뚱그려 해석되어 여러 가지 오해가 생기고 있는 것도 사실이다.

엔 캐리 트레이드의 구체적인 방법

한마디로 '엔 캐리 트레이드'라고 해도 그에 상당하는 거래는 다양하다. 세 가지 대표적인 거래를 소개하겠다.

1. 통화선물/환율증거금 거래

: CME(시카고 상품거래소) 등의 환율 선물은 선물의 수준 자체에 금리차가 반영되고 있기 때문에 상대적으로 저금리의 통화를 공매도하면 엔 캐리 트레이드가 된다. 또, 일본에서 '클릭 365'라는 닉네임이 붙어있는 FX(외환증거금거래)에서는, 금리가 낮은 통화를 공매도해 금리가 높은 통화를 공매수하면 스왑 포인트라는 금리차를 얻을 수가 있다. 이러한 거래의 목적이 환율 변동에서 수익을 얻기보다 스왑 포인트 얻기가 되면 엔 캐리 트레이드의 성격이 강해진다.

2. 엔화표시 주택 론

: 특히 헝가리나 아이슬란드 등의 유럽에서 이뤄진다. 현지 통화

라면 5~6%의 주택론 금리가 엔이라면 1~2%이므로 엔화 표시 주택대출을 개인이 얻는 일이 많았다. 그런데 2007년 이후의 엔고 국면을 맞아 많은 대출이 변제에 곤란을 겪었다. 2011년에 헝가리 정부는 변제액을 계산할 때의 환율을 고정하거나 조건부로 이자를 경감하는 등 구제조치를 취했다.

3. 엔화 매도 개입으로 증가한 외화준비에서의 달러 운용

 : 재무성이 엔화 매도 개입을 단행할 때는 엔의 단기증권을 발행한다. 구입한 달러는 주로 미국재무성 증권으로 운용한다. 이러한 외화운용은 규모적으로는 최대의 엔 캐리 트레이드인데, 민간자금과 같이 엔고가 되어도 손절매가 없기 때문에 '되감기(엔의 차입을 변제하고 트레이드를 해소하는 것)'에 따라 시장에 미치는 영향은 한정적이다.

동시 진행된
양적완화 해소

● ● ●

엔 캐리 트레이드는 2004~06년에 재팬 프리미엄의 해소를 촉진한 요인이다. 사실 동기간에 재팬 프리미엄의 해소를 촉진한 또 하나의 중요한 요인이 있다. 2006년 일본은행의 양적완화 해제가 그것이다. 1장에서도 언급한 것처럼 양적완화는 엔의 유동성을 늘림으로써 엔의 운용난을 초래해 왔다. 양적완화 해제는 그 반대다.

일본은행은 2001년부터 5년간 지속된 양적완화를 2006년 3월에 해제했다. 이렇게 한마디로 말하면 별 일 아닌 것 같지만, 1990년대 후반부터 대부분의 시기에 완화정책이 취해져 왔음을 기억해야한다. 이제 와서 돌아보면 재팬 프리미엄을 해소할 기회로서 이만큼 귀중한 시기는 없었던 것이다.

완화해제 결정 이후 일본은행은 2개월 만에 약 35조엔이나 되던 당좌예금 잔고를 10조엔까지 감소시켰다. 반면 2013년 이후 일본은행의 당좌예금 잔고 증가 속도는 연간 70조엔으로, 2개월분으로 단순계산하면 12조엔이다. 2014년 10월에 추가완화가 있었기 때문에 연간 증가액이 80조엔으로 증가했던 것을 감안해 계산해도 2개월분은 약 14조엔이 된다. 2013년 이후의 이차원 완화가 본원통화의 증가 속도에 있어 얼마나 강렬했는지는 거듭 강조되고 있는 부분이다. 그 진동과 비교해도 2006년에 이루어진 2개월에 25조엔 감소라는 조치는 실로 엄청났다.

또한 2006년은 2003년에 바닥을 친 주가와 부동산 가격의 상승 경향이 확인된 시기기도 하다. 여기에 투자묘미를 느낀 외국인들에게 엔화 자금을 빌리고자 하는 수요가 증가했다. 엔을 사고 싶은 수요가 아니라 엔을 빌리려는 수요였다는 점이 중요한데, 결과적으로 재팬 프리미엄의 억제에 공헌하게 됐다.

엔 캐리 트레이드의 해소와
재팬 프리미엄의 부활

● ● ●

양적완화 해제가 시행되고 엔화 금리가 상승함으로써 엔 캐리 트레이드는 거래의 해소, 즉 되감기로 들어가는 것이 아닌가라는 목소리도 많이 들려 왔다. 그러나 2006년은 FRB가 2004년부터 이미 누적으로 4%의 금리인상을 단행한 후다. 일본은행의 25조엔의 유동성 흡수와 0.25%의 금리인상(2006년의 단계에서)을 감안해도, 상대적으로는 FRB의 긴축에 미치지 못하는 것이었다. 이런 점도 있어서 엔저 경향은 유지됐다. 일본은행의 긴축에도 불구하고 엔 캐리 트레이드가 계속되기 쉬운 환경이 이어졌다.

그러나 상황은 그 후 조금씩 변화하기 시작했다. 2006년 12월, 시장이 매월 주목하고 있는 미국의 구매지수ISM가 50이라는 고비 아래로 떨어지자 업황의 악화가 우려된다며 큰 소동이 난 일이 있었다. 일본은행이 2006년 7월에 이어 2회째의 금리인상을 단행한 2007년 2월에는 이미 리먼 사태에 이어지는 다양한 이벤트가 일어나고 있었다.

엔 캐리 트레이드의 되감기는 2007년 후반부터 엔고경향과 함께 발생하기 시작했다. 앞에서 설명한 것처럼 엔 캐리 트레이드는 엔을 빌리는 행위와 빌린 엔을 달러로 바꾸는 행위의 두 가지 거래가 동시에 일어나는 것이다. 그러나 일반적으로 표면에 보이기 쉬운 것은 후자의 환율 거래 쪽이다. 환율 관련해서는 엔고가 되서 엔 캐리 트레이드를 해소하는 경우도 있고, 엔 캐리 트레이드가 해소되기 때문에 엔고가 되는 경우도 있다. 어쨌든 환율은 어디에서나 눈에 띈다. 뉴스에도 전광판에도 흐르고 있으니까.

그러나 사실은 엔을 빌리는 행위가 극단적으로 줄어버린 탓에 재팬 프리미엄이 돌아온 것이다. 엔고라서 재팬 프리미엄이 확대된 것은 아니다.

'엔고 긴급 퍼실리티'가
엔고 대책은 아니다

● ● ●

엔고가 80엔 가까운 수준까지 진행된 2011년에 재무성은 '엔고 긴급 퍼실리티'라는 시책을 발표했다. 이것은 융자나 투자를 하기 위해 달러 자금을 필요로 하고 있는 은행이나 기업 등에 대해 국제협력개발은행JBIC을 통해 비교적 낮은 금리로 외화준비용 달러를 대출한다는 것이다.

이미 외화준비로서 보유하고 있는 달러를 그대로 민간은행에 대출하면, 민간은행은 그 달러로 달러융자를 포함한 달러자산을 구입한다. 이 일련의 거래는 일관된 달러 거래다. 긴급 퍼실리티는 환개입처럼 환율에 작용하는 것이 아니라서 '엔고 대책'이라고는 하지 않는다. 그런 것이 아니라 본래 환율 선물 시장에서 달러를 빌리러 가야하는 사람에게 달러를 빌려주는 것이다.

이처럼 '엔고 긴급 패키지'라는 이름은 사실 대단히 오해를 부르는 명칭이다. 그럼에도 불구하고 이 명칭이 위화감 없이 받아들여졌다는 것은 역시 엔 캐리 트레이드 해소에 동반되는 자금거래와 환율거래라는 두 개의 독립적인 거래가 뭉뚱그려 이해되고 있다는 것을 증명하고 있다.

그 증거로 엔고 긴급 퍼실리티는 달러-엔이 이미 80엔에서 95엔까지 엔저가 된 2013년 3월(구로다 총재의 이차원 완화 직전)에 연장 결정되어 항구제도가 된 것을 들 수 있다. 역시 명칭만 '해외전개 지원 융자 퍼실리티'로 바뀌었다. 2015년 6월의 퍼실리티 사용잔고는 약 500억 달러(약 6조엔)로, 은행들의 해외융자액(약 60조엔)에 대해 공적융자가 관여하는 비율로서는 무시할 수 없는 액수다. 그런 중요성이 있다고는 하나, 현재 120엔대가 된 엔저 수준에도 누구도 폐지하려고 하지 않는다는 점은 퍼실리티의 진정한 본질이 '엔고 대책'이 아니라 '달러 자금 조달 대책'이었다는 것을 보여준다.

소로스 차트는 환율보다
재팬 프리미엄을 설명한다

● ● ●

저명한 투자가인 조지 소로스가 고안한 소로스 차트라는 분석이 있다. 이것은 두 나라의 본원통화의 비율을 취해 상대적으로 본원통화가 큰 나라의 통화가 하락하기 쉽다는 관계를 나타낸다. 본원통화는 통화의 공급과 같은 것이므로 공급이 많은 편이 감가되기 쉽다는 것은 직감적으로도 이해된다. 2013년 일본은행의 이차원 완화의 결과로서 일본의 본원통화가 상대적으로 증가해 향후 엔저 경향이 예상된다는 소로스의 견해가 화제가 되기도 했다.

소로스 차트는 매일매일의 움직임이 아니라 커다란 흐름을 분석하는 것이므로 1985년 플라자합의 이후의 장기차트를 만들어 봤다 (도표5-12). 엄밀하게 따지자면 소로스 차트가 이미 수정판도 나왔고, 꼼꼼한 사람에게는 그 차이가 매우 중요할지도 모르지만 여기서는 그렇게까지 집착하지는 않기로 한다.

도표5-12를 보면 확실히 대국적으로는 달러-엔 환율과 본원통화 비율에 관련성이 있는 것처럼 보인다. 특히 2008년의 리먼 사태 후에 FRB가 자산매입 등의 양적완화책으로 본원통화를 증가시킨 때에는 강한 엔고 경향이 나타났고, 2013년 이후의 일본은행 이차원 완화와 엔저는 나름대로 보조를 맞추고 있는 것으로 보인다.

그러나 소로스 차트에 관해서는 의문도 많다. 단순히 연동성은 있지만 인과관계는 아니라는 차원에서의 부정이 아니라, 애초에 연동성을 부정하는 의견도 많다. 그 이유는 '유동성의 함정' 하에서는 본원통화의 증가가 실물경제에 영향을 미치기 어렵다고 생각하기 때문이다.

본원통화의 비율은 상대적인 유동성 공급량을 나타내고, 두 통화 간의 상대적인 운용난과 조달난에 직결되어 있다. 따라서 사실 소로스 차트는 환율 자체가 아니라 재팬 프리미엄의 지표인 크로스 커런시 베이시스를 보다 일관되게 설명할 수 있는 것이다. 엔 캐리 트레이드에서도 그랬던 것처럼 환거래와 환율 선물을 통한 자금거

본원통화 비율(좌축)

달러-엔 환율(우축)

출처: 블룸버그(본원통화의 원 데이터는 일본은행 및 FRB)

래는 뭉뚱그려 이해되기 쉽다. 이런 오해가 소로스 차트의 해석에
서도 보이는 것으로 생각된다.

07

재팬 프리미엄의 근원은
금융완화에 있다

금융위기도 아닌데
재팬 프리미엄은 사상 최대

● ● ●

2013년까지의 재팬 프리미엄은 일본발, 유럽발의 차이는 있다고
해도 금융위기에 얽혀 발생했다. 그러나 2013년 이후 재팬 프리미
엄의 최대 요인은 이차원의 유동성을 공급하고 있는 '구로다 완화'
로 바뀌었다. 심지어 그 규모는 1990년대 일본발 금융위기가 일어
났을 때나 서브프라임, 또는 유럽 재정위기로 해외발 금융위기의

영향을 받았을 때에 필적하며, 앞으로 더욱 커져갈 가능성이 높다. 엔화에 대한 달러 조달 프리미엄은 만기 1년짜리 거래에서는 과거 최대 수준에 필적한 정도인데, 만기 10년짜리 거래에서는 이차원 완화 이후의 수준이 이미 최대다(도표5-13).

한편 ECB도 2015년 1월에 양적완화 확대를 발표하고 유로의 유동성도 증가하게 됐다. 이 영향으로 유로에 대한 달러 조달 코스트는 십여 bp 증가했다. 그러나 유럽 재정위기 때의 수준을 넘는 확대까지는 이르지 않았다(도표5-14). 유럽의 양적완화는 실제 일본과 같은 재정확대를 수반하고 있지 않다는 점에서 양적완화가 최종적

| 도표 5-13 | 엔화로 달러를 조달할 때의 프리미엄

(주: 마이너스가 클수록 프리미엄이 큼)

출처: 블룸버그

으로 일본 정도의 규모로 계속될 것으로 생각되지 않는다. 그 점이 가장 큰 차이다.

과거에 재팬 프리미엄의 근원은 금융 시스템의 문제였는데, 신용이 훼손된 은행을 구제하는 과정에서 국가의 신용리스크 저하가 발생했다. 또한 유럽 재정위기는 재정위기 자체가 문제였다. 그리스 문제가 스페인, 이탈리아에 연쇄되어 2011년 11월에 스페인과 이탈리아 국채금리가 소위 위험수역이라는 7%를 넘은 것은, 일본이 소비세 증세라는 고난도의 정치적 장애물을 뛰어넘게 할 만큼 충격적인 사건이었다. 적어도 이때까지는 일본에도 '이대로 가다가

| 도표 5-14 | 유로로 달러를 조달할 때의 프리미엄

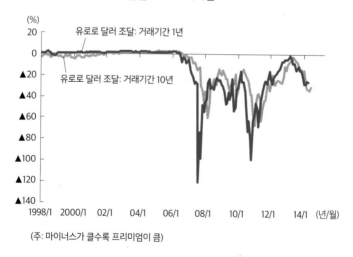

(주: 마이너스가 클수록 프리미엄이 큼)

출처: 블룸버그

일본의 재정파탄이 현실화될지도 모른다'는 위기감을 느끼는 정상적인 감각이 있었다.

그러나 그리스는 일본과 다르다는 입장이 서서히 침투해 왔다. 유럽 재정위기는 유로라는 단일통화의 구조와 분리할 수 없다. 그리스만의 통화를 절하할 수 없기 때문에 국채가 폭락하지 않을 수 없는 상황이 되었다는 것이다. 그것은 그것대로 맞는 해석이다. 그러나 위험한 것은 '(통화의 구조 면에서) 그리스와 같은 상황이 아니다'라는 것이 '일본의 재정문제는 우려할 수준이 아니다'는 해석으로 편리하게 대체되어 버린 것이다. 그리스와 같은 형태로는 일본국채 폭락이 일어나기 어렵더라도 대신 통화 가치의 폭락은 있을 수 있고, 시장은 베이시스 스프레드의 확대라는 형태로 일본의 신용 리스크를 확실히 반영하고 있다.

게다가 지금은 금융위기가 일어나지 않은 상황이다. 리먼 사태나 유럽 재정위기의 심각함 때문에 금융기관에 대한 규제가 훨씬 엄격해져 있기도 해, 파탄에 이를 만한 리스크는 애초에 부담하지 못하는 상황이다. 그러나 유럽 재정위기를 통해 '달러 조달난=금융위기'라는 도식이 강하게 박혀버렸기 때문에, 금융위기만 없으면 재팬 프리미엄의 확대에 대해 한없이 둔감해지게 되었다.

금융위기를 대신해 현재의 재팬 프리미엄은 미-일간 금융정책의 차이가 근본 원인이다. 적어도 양적완화의 확대를 중지하고 금융 정상화를 꾀하고 있는 미국과 그 반대인 일본 사이에서 자금의 잉여 갭이 확대되고 엔의 운용난이라는 형태로 재팬 프리미엄을 만들고 있다. '금융정책의 차이기 때문에 어쩔 수 없다'는 입장은 금융완화가 재정정책과 동전의 앞뒷면이라는 점을 간과하고 있다. 머니타이제이션과 구별이 가지 않게 된 것이 현재의 이차원 완화 정책인데, 재정이 재팬 프리미엄의 책임을 금융정책에 떠넘기고 있는 것이다.

달러 조달 프리미엄이 상승하면
은행의 수익은?

• • •

달러 자금 조달 비용이 상승하면 은행들의 수익은 얼마나 압박받게 될까. 2014년의 베이시스 스왑을 통한 비용 상승은 연한에 따라 다르지만 대체로 0.2%에서 0.3% 정도였다. 은행 해외지점의 융자 가운데 예금으로 조달되고 있지 않은 약 20조엔(도표5-6)이 베이시스 스왑을 통해 조달되고 있다고 하면, 단순통계로 400억엔에서 600억엔의 비용이 상승한다. 무시할 수 없는 액수는 아니지만 치명적인 액수라고 할 수도 없다. 은행들은 조달자금의 연한을 자산에 맞춰 어느 정도는 장기화하고 있는 부분도 있어, 포트폴리오 전체에서 비용이 단기적으로 급상승하는 것은 아니다. 따라서 2010년 경의 유럽 재정위기 때처럼 어쩔 수 없이 자산매각을 해야 하는 모양새가 되기는 어렵다.

그러나 그러한 단순계산으로 구해지는 것 이상으로 실제 수익은 부정적인 영향을 받을 가능성이 있다. 당연하지만 금융거래는 '돈'을 취급한다. '돈에는 색깔이 없다'는 말도 있는 것처럼, 다른 재화나 서비스에 비해 상대적으로 차이가 적다. 다시 말해 베이시스 스왑 이외의 방법으로 조달하는 달러의 코스트도 슬슬 압박을 받아갈 가능성이 크다. 예컨대 유가증권 투자에서 달러 조달 코스트도 영향을 받는다. 이것은 금융시장에서 '재정이 작용하기 쉽다'는 것을 드러내고 있다. 은행들의 결산서 등에 따르면, 대출을 통한 이자 마진은 평균적으로 1% 정도인 것 같다. 거기서 0.3%나 되는 이자 마진 축소는 심각한 타격이다. 과거의 투자를 해소할 정도는 아니더라도 신규 투자에는 신중해져야 하는 상황이 오기 쉽다.

파생상품 시장은
국채폭락을 알고 있다

● ● ●

일본국채 10년물 금리는 2015년 1월에 0.2%라는 최저 수준에서

0.4%대까지 일단 상승했는데, 불과 0.2%라고는 하지만 금리상승 국면에 익숙하지 않은 시장의 동요가 있었다. 그러나 큰 흐름 안에서 보면 폭락이라 할 만한 것은 아니다. 이런 저금리 환경도 재팬 프리미엄의 인식을 무디게 하고 있다. 1990년대에 엔 리보가 티보보다 낮았던 것과 같은 메커니즘으로, 달러 베이스의 투자가는 재팬 프리미엄에 상당하는 만큼 낮은 금리로 엔을 조달하기 때문에 일본국채의 이율이 마이너스라도 차익이 확보된다. 이 상태는 금융억압 하에서 미미한 시장 메커니즘이 일본의 신용리스크에 값을 매긴 결과로 볼 수 있다. 금융위기가 아니라고 해서 엔 금리만 낮으면 문제없다는 변명이 버젓이 통하는 것에 강한 우려를 느낄 수밖에 없다.

비유를 하자면 다음과 같은 상태일 것이다. 옛날에는 운동부족이 문제가 되어 체중이 건강을 위협하는 수준까지 늘어 있었는데, 일단 운동을 해서 체중이 정상이 됐다. 그러나 그후에 식생활 악화로 다시 체중이 늘기 시작했는데 운동만큼은 계속하고 있다. 그런 상황에서 '지금이 과체중 상태긴 하지만, 옛날에 그 원인이었던 운동부족은 절대 아니니까 괜찮다'며 식생활 개선에 전혀 눈을 돌리지 않는 상황인 것이다.

보다 경제적인 비유를 하자면 같은 증세라도 소비세인지, 사회보장이나 부흥증세 등의 원천징수성 증세인지에 따라 미디어나 국민의 반응이 전혀 다른 것을 들 수 있다. 소비세 증세에 관해서는 미디어가 거듭 '생활을 압박한다''경기에 악영향' 등의 보도를 내보내고 있다. 한편 사회보장 부담의 증액에 대해서는 4월의 개정 시에 가볍게 보도될 뿐인데, 2004년에는 13.58%였던 후생연금 보험료가 2017년에는 18.3%까지 누적 5% 가까이 인상된다. 소비세는 소비하지 않으면 지불하지 않지만, 연금보험료는 소비하기 전부터 빼간다고 하는 점에서 소비세 이상으로 영향이 큰데도 반응은 전혀 다르다.

부흥증세의 경우는 25년에 걸쳐 소득세가 2.1% 할증된다. 일본은 급여에서 원천징수로 떼는 방식이 보편적이라 눈에 보이는 소비세와 그렇지 않은 것에 대한 반응이 전혀 다르다. 보이는 곳에만 초점을 맞추고, 보이지 않는 것은 알기 어렵다며 포기해 버리는 사람이 많다. 편리하게 이용당하기 쉬운 국민이 되었다는 얘기다. '조삼모사'의 원숭이를 비웃을 수 없는 형편이다. 마찬가지로 금리가 낮다고 해서 일본의 신용리스크가 의식되고 있지 않다고 보는 견해도 지극히 표면적인 해석이다.

2000년대 초에 구조화 채권의 발행주체였던 유럽의 국제기관이나 준 공적은행의 채권은 이제 파생금융상품의 "박스"라고 부를 수 없게 돼 버렸다. 대신 현재 사용되고 있는 것은 의외로 일본국채다. 파생금융상품시장은 달러 베이스로 가산금리가 가장 큰 것이 일본

국채라는 점, 즉 국채가 이미 폭락해 버렸다는 것을 알고 있는 것
이다.

negative interest

마이너스 금리와
마이너스 성장의
악순환을
피할 수 있을까?

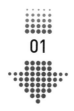

01

저성장을 인정하지 않으면
마이너스 성장이 심화된다

저성장과
마이너스 금리

• • •

지금까지의 흐름에서 일본의 마이너스 금리는 재팬 프리미엄이 높아져 일본인의 달러 조달 비용이 상승하고 있는 연장선상에 있다는 것을 확인했다. 재정정책과 금융정책이 한통속이 되어 통화 완화를 지속한 결과, 일본 국채는 글로벌 수준의 달러 환산시 사채급의 금리를 지불하지 않으면 투자받을 수 없는 수준의 준 리스크 자산이 되어버린 것이다.

성장을 위해 중앙은행에 과도한 기대를 걸다 보니 '뭐든 하는' 금융완화와 실질적 머니타이제이션이 장기화되고 있다. '온갖 수단을 취할 준비가 돼 있다'는 말은 일본은행뿐 아니라 최근 각국 중앙은행 총재로부터 종종 들을 수 있는데, 시장은 이를 환영한다. 그러나 잠재성장률이 떨어지고 있는 상황에서 완화로 인해 공급된 유동성은 실물경제보다 리스크 자산으로 흘러들기 쉬워, 소위 버블이 발생하게 된다. 버블은 어느 시점에서 터지는데, 그 결과 경기후퇴나 국민생활의 심각한 고통을 야기한다. 최악은 그로 인해 펀더멘털적으로 아직 가능한 성장조차 억제해 버린다는 것이다.

성장 자체가 나쁜 것은 아니며, 성장하려고 생각하는 것은 인간의 본능이기도 하다. '성장전략'이라는 전체상 자체에 대해서는 '행복'과 마찬가지로 아무도 반대하는 사람이 없다. 그러나 그 목표가 실질 2%로, 거의 0%로 추정되고 있는 잠재성장률 대비 지나치게 높은 탓에 수단으로서의 재정지출에 엄청난 부하가 걸리고 있는 것이다. 결과적으로 국민의 자원을 소비해 미래세대로 돌리는 청구서는 매년 35조~40조엔씩 늘고 있다.

정부가 '성장! 성장!'의 구호를 외치는 과정에서 필자는 성장을 향한 환상만 극복할 수 있다면 재정규율은 회복할 수 있지 않을까 희망적으로 생각했었다. 그러나 알고 보니 진짜로 성장을 달성하고자 하는 것이 아니라, 눈앞의 재정지출에 대한 변명으로서 성장을 외치고 있는 게 아닌가 하는 인상을 최근 받기 시작했다. 따라서 가령 성장이 어렵다는 사실이 드러난다고 해도 정부는 다른 대의명분을 찾으러 갈 뿐인지도 모른다는 우려도 든다. 하지만 성장을 이기는 대의명분은 별로 없을 것이라는 점을 생각할 때, 성장에 대해 재고할 가치는 충분히 있다. 종장에서는 시장의 눈을 통한 지금까지의 분석을 넘어 '성장'에 관해 논해 보겠다.

일본은 그리스를 결코 비웃을 수 없다

● ● ●

2015년은 그리스에 대한 IMF·EU의 지원이 기한 만료를 맞는 가운데, 그 후의 재지원을 둘러싸고 그리스 문제가 재연됐다. 6월 30일 그리스는 IMF에 15억 유로의 채무를 기한내로 변제하지 못해 EU연합의 지원이 중단됐다. 자금부족 때문에 은행도 휴업이라는 예금봉쇄 상태가 됐다. 갑자기 실시된 국민투표에서는 긴급재정에 대한 반대표가 6할 이상이었지만, 그 후에는 긴축재정안이 제출되어 유로존 이탈 위기는 일단락되었다.

이러한 외줄타기 현실을 뻔히 보면서도, 일본의 2015년 경제재정계획 기본방침에서는 또다시 성장의존의 퍼주기 재정을 방치하고 있다. 2012년의 소비세 증세를 결정할 때는 유럽 재정위기를 타산지석으로 보는 양심이 얼마간은 있었다. 그 상황과 비교하면 지금의 재정규율은 훨씬 타락해 있다.

물론 그리스와 일본의 사정은 다르다. 일본국채는 9할이 일본은행을 포함해 국내에서 소화되고 있다는 것을 4장에서 언급한 바 있다. 이 점을 아베 총리도 국회에서 거듭 강조하면서, '국채는 괜찮다'는 취지의 발언을 했다. 분명히 국채의 국내보유비율은 (아직) 높다. 그러나 그 말은 파탄이 난 경우에 가장 괴로운 것은 국민 자신이라는 뜻이기도 하다.

국민도 국채를 은행이나 생명보험 등을 통해 간접보유하고 있기 때문에 원천징수로 떼간 세금에 대해 의식이 부족한 것과 마찬가지로 국채를 보유하고 있다는 의식도 별로 갖고 있지 않다. '일본국채는 국내에 보유되고 있기 때문에 폭락하지 않는다'라는 코멘트가 어떤 의미인지를 진지하게 생각해보지도 않고 '폭락하지 않는다'고 하는 결론만 주목받는 인상이다. 하지만 일본에는 EU연합에 상당하는 감독자나 국외 채권자가 한정적이기 때문에 문제가 드러나지 않을 뿐이다. GDP 대비의 기초적 재정 수지가 반감되어 아직 3% 이상 적자인 일본은 적어도 2014년에 0.4%로 흑자 전환된 그리스를 결코 비웃을 수 없는 입장이다.

저출산의
진짜 이유

● ● ●

저성장과 관련이 깊은 것은 '저출산 고령화'라는 인구동태다. 저출산 대책으로서 일본에는 내각부 특명 담당 장관까지 설치되어 있다. 그러나 2014년의 합계 특수 출생률은 1.42로 전년을 밑돌았다. 2013년까지는 과거 최저였던 2005년도의 1.26에 비하면 완만한 반전 경향이 있긴 했지만 그간의 절대 출생수는 일관되게 떨어지고 있다. 저출산의 이유로 여성의 사회진출과 육아의 양립문제가 일반적으로 지적되고 있지만, 과연 그게 진짜 이유일까.

마쓰무라 요시히로의 『왜 지금 우리는 미래를 이렇게 불안해하는가?』(다이아몬드사, 2015년)라는 책은 제목부터 그 의문을 마주하고 있다. '당장 내일 일본의 재정이 파탄나는 일은 없을지 모르지만, 이러한 불균형이 계속 확대되면 장기적으로 뭔가 엄청난 일이 일어나는 것이 아닐까?'라는 불안을 젊은이들은 막연히 느끼고 있는 것이다. 그러한 미래에 대한 불안이야말로, "육아를 양립하기 어려운 환경" 운운을 훌쩍 뛰어넘는 저출산의 진짜 이유가 아닐까 싶다.

마쓰무라의 책은 경제학부의 비인기 강의에 마침내 들어온 아름다운 여학생에게 교수가 만화를 포함한 과제를 내면서 현대사회의 변곡점을 설명하는 형식으로 이야기가 진행된다. "성장할 수 없는 세계를 무리하게 성장시키려고 하거나, 무리한 수익을 창출하려고 할 때 사회가 왜곡되어 버린다. 그 결과 사람들은 '이대로 괜찮을까'라는 불안에 시달리게 되는 겁니다"라는 교수의 대사가 바로 저출산의 이유라고 볼 수 있다. 표면적으로는 성장을 외쳐 온 사회에서 본능적으로 뭔가 이상하다고 느끼는 젊은 세대가 '이런 불안한 미래에 아이를 낳아 세상에 내보내도 좋을까?'라고 주저하게 된다는 것이다.

저출산 대책으로서 보육원의 증설과 보조, 여성이 육아를 하면서 일하기 쉽도록 하는 고용제도의 개선과 남성 육아의 권장 등은 모두 소중한 정책이다. 보육원이 없다면 친정(또는 아이의 아빠)의 도움을 받거나 베이비 시터를 고용할 수 있는 여성 말고는 애초에 일을 할 수 없다.

그런데 사실 일본의 보육원 제도는 북유럽 복지국가(그마저 고부담이라는 것도 잊지 말기를)를 빼고 생각하면 상당히 혜택이 좋은 편이다. 특히 영국이나 미국의 상황과는 비교가 안된다. 영국에서는 공립 보육원이 없고 사립 보육원은 일본처럼 보조금이 없어서 1개월에 1000파운드 이상 든다. 20만엔 정도다. 한편 베이비 시터를 상시 고용할 경우는 유급휴가도 필요하고 입주가 아닌 경우는 장시간노동이 법률위반이 되지 않도록 신경쓰지 않으면 안된다. 급여의 원천징수 의무도 있는 등, 의외로 큰 문제다. 해외에서는 베이비 시터가 쉽게 와주기 때문에 여성의 사회진출이 발전해 있다는 것은 '도시괴담' 수준이다.

이렇게 고마운 보육원 제도가 있어도 아이를 낳게 하는 결정타는 되지 않는다. '미래 사회에 대한 불안'을 끌어안은 채 아이를 낳을 엄두를 못 내고 시간만 보내다 결과적으로 저출산으로 이어지고 있는 것이 아닐까. 오히려 재정지출을 줄이는 편이 저출산 문제를 근본적으로 해소할 가능성이 높다고 생각한다. 물론 보육예산을 집중 공격하려는 뜻은 없다는 것을 밝혀 둔다.

불가능한 성장과
태평양 전쟁의 비유

● ● ●

아베노믹스는 금융완화와 재정정책을 발판으로 한 성장을 주장하고 있다. 그런 아베노믹스에 대한 우려에 공통되는 논리는 다음과 같은 것이다. 우선 ①너무 높아서 달성 불가능한 성장목표를 내걸어서 ②당초는 극적인 재정정책을 통해 주가상승을 비롯한 플러스의 결과를 만들고 있는 듯한 인상을 빚어내 비판을 피하지만, ③당초의 성장목표는 좀처럼 달성못한 채 결국 뒤로 물러나지도 못하고 질질 진흙탕을 헤매다 ④모종의 치명적인 충격을 초래해 버릴 가능성을 착착 높이고 있다는 흐름이다. 이러한 특징은 태평양 전쟁에 비유할 수 있다.

태평양 전쟁은 기술이나 자원 면을 생각하면 당초부터 이길 가능성이 낮았다는 견해가 많다. 야마모토 이소로쿠 연합함대 사령장관은 미드웨이 해전 실패 후 미군의 계획공격을 받아 비행중에 총탄을 맞고 전사했는데, 개전 당초의 전황에 관한 고노에 수상과의 대화 중에 다음의 유명한 말을 남겼다. '꼭 하라고 하신다면 처음 반년이나 1년은 많이 날뛰어 보여드리겠습니다. 그러나 2년, 3년이 되면 전혀 확신이 없습니다'. 그러나 ABCD 포위망에 싸여 지리멸렬할 것으로 보였던 당시 일본의 상황을 탈피하기 위해 일본은 '모 아니면 도'의 도박에 나서버렸다. 당초는 진주만 공격 등 우세로 시작된 전황이었지만 결정적인 승리를 거두지 못한 채 인적·물적 자원을 소모하다 최종적으로는 패전에 이르렀다.

1장에서도 소개한 오키나 구니오의 『일본은행』에서도 일본은행이 이번 양적·질적완화의 출구 논의를 최대한 피하려고 하는 상황에 대한 묘사로 '일방향 돌격' '특공출격'이라는 말을 사용하고 있다. 명시적으로 '태평양 전쟁'이라는 말은 쓰지 않지만 비유를 상당히 의식한 것으로 보인다.

복잡한
기득권익 구조

● ● ●

재정확대가 미래 세대의 부담을 늘린다는 것을 알고 있으면서도 방향 전환을 할 수 없는 것은, 그로 인해 '득을 보고 있는 누군가가 있기' 때문이다. 그것은 기득권익층의 존재다. 의료비나 사회보장 등 고령화에 얽힌 비용이 재정악화의 주요 요인이라는 것은 여기서 설명할 것도 없다. '실버 데모크라시'라는 말이 있는 것처럼, 고령자의 투표행동이 선거결과를 좌우하는 상황에서 고령자를 우대하는 시책이 우선되는 것이다. 『왜 지금 우리는 미래를 이렇게 불안해 하는가?』에서 교수가 '할아버지, 할머니들이 모르는 사이에 기득권익자가 되어버렸다'고 설명하는 부분이 있다. 그런 견해는 75세 이상 후기고령자의 1인당 의료비가 90만엔 정도로, 현역(65세 이하) 세대의 약 5배에 달한다고 하는 객관적 데이터를 통해 통설이 되고 있다. 그러나 실제 문제는 그렇게 단순하지 않은 것으로 생각된다.

할아버지, 할머니들은 90만엔을 받고 스스로 선택해(예컨대 여행을 가는 대신에) 의료비로 쓰고 있는 것이 아니라, 반 자동적으로 의료비를 쓰고 있다. 그렇기 때문에 '모르는 사이에'인 것인데, 와다 히데키가 쓴 『의학부의 대죄』(2013)라는 책은 고령자에 대한 고액의 의료비가 오히려 고령자의 복지를 망치고 있는 면을 지적하고 있다.

약제비가 대표적이다.

이 책에 따르면 젊은 세대의 경우 한 번에 걸리는 병이 하나인 경우가 많기 때문에 한 개의 과에서 진료를 받으면 된다. 그러나 고령자는 고혈압이 있고, 골다공증이 있고, 가벼운 당뇨도 있는 등 동시에 서너 가지 병을 끌어안고 있는 것이 보통이다. 일본의 의료는 전문분과형이기 때문에 '순환기내과와 호흡기내과와 ○○과와…'라는 식으로 눈 깜짝할 사이에 5개 정도의 과를 돌고 각 과에서 몇 종류씩의 약을 처방받아 평균 15개 정도의 약을 먹게 된다. 종합적으로 환자를 진찰해서 '15 종류나 되는 약을 전부 먹으면 몸이 너덜너덜해지니 이 중에서 5개만 골라 드리자'고 하는 일은 없다. 약제비가 의료비에서 차지하는 비율은 전체에서 4할이나 되고, 노인의료비에서는 그 비율이 더욱 높다는 것이 와다의 주장이다.

독자 중에도 처방받은 15종의 약이 복용되지 않고 버려지는 현실을 보거나 들은 적이 있을 것이다. 최종적인 사회보장의 수익자는 제약회사와 그로부터 편익을 얻는 관계자가 아닐까 생각될 정도다.

생명이나 건강에는 '값을 매길 수 없고', 특히 의료는 전문영역이라고 여겨지고 있기 때문에 성역화되기 쉽다. 실버 데모크라시의 그늘에 제약회사나 의료관계가 있다는 복합 기득권익 구조가 재정 문제를 복잡화·경직화시키고 있다.

02

제로성장을 인정하면
행복해질까?

이윤은
부정하지 않는다

● ● ●

성장은 자본주의적 개념이라고 인식하면 성장이라는 대의명분을
인정하지 않는 것은 자본주의에 대한 안티테제이기도 하다. 이미
1990년대 초에 경영학자인 피터 드러커가 '포스트 자본주의'를 제
창했었다. 1990년대 초라고 하면 직전에 소비에트 연방의 붕괴, 동
서독 통일, 또 루마니아와 체코슬로바키아의 정변이 막 일어난 시

기다. 그렇게 공산주의로부터의 이탈이 계속되며 '역시 자본주의밖에 선택지가 없다'는 식의 분위기로 흐르고 있을 때, 이미 자본주의에 대한 의문이 나오기 시작했던 것이다. 신흥국 붐이 이제부터 시작되려고 하던 시기였으나, 역사는 그렇게 딱 떨어지게 움직이지 않는다.

포스트 자본주의에 관해 쓰여진 많은 문헌에는 정도의 차는 있지만 지금까지는 이윤이 높아진 것 자체를 부정하는 형태로 쓰여 있는 것 같다. 마르크스 경제에서 말하는 자본가계급이 노동자계급을 착취해 왔다는 고전적인 노선도 있고, 석유파동 이전에 에너지 가격이 쌌던 것은 자원수출국을 착취했기 때문이라는 설명도 종종 보인다. 그러한 '나쁜 짓'을 해온 자본주의기 때문에 저이윤은 '신이 내린 벌'이라고 주장하는 운명론적 접근도 많다.

그러나 이윤을 선 또는 악의 흑백으로 구분하는 이원론은 의미가 없다. 요즘 사회가 알기 쉬운 것을 요구하는 경향이 있기에 일견 단순한 논리는 고맙지만, 세상은 그렇게 단순하지 않다. 물론 금융 분야에서는 최종판단이 '살 것인가 말 것인가'가 되어 버리기 때문에, 어중간한 판단은 경원시되는 일도 있다. 그러나 쉽고 단순한 논리가 결국 그대로 실현되지는 않기 때문에, 수익에 도달하기 위해서는 또 다른 분석이 필요한 것도 사실이다.

자본주의의 안티테제로서 이윤추구를 부정하는 것은 넌센스다.

292

'성장하는 것과 돈을 버는 것은 즐겁다'라는 인간의 본능을 긍정하면서, 돈으로 헤아릴 수 있는 것과 없는 것의 가치관을 공존시키는 어찌 보면 모순된 세계를 만들어 나가야 할 것 같다.

경제성장 이외의 지적 가치

● ● ●

자본주의의 이윤추구를 부정하지 않는 형태로 포스트 자본주의를 추구하고 있는 책으로 모타니 코스케의 『숲에서 자본주의를 껴안다』가 있다. 지방에 있는 산림, 토지의 자원을 활용함으로써 그리 많이 벌지 못해도 행복하게 생활할 수 있고 또 그럭저럭 웬만큼은 벌 수 있다는 이야기다. 그럭저럭 버는 수단으로서 소개되고 있는 바이오매스 발전이나 부가가치가 높은 농산물(잼 등)의 현실성·범용성에 대해서는 비판적인 의견도 많은 것 같다. 그러나 이 책에서 말하고 있는 '자동차 등은 화폐 경제에 의존해 싸게 사면서 식료와 연료는 자기조달을 늘린다고 하는, 좋은 점만 취하는 편의주의야말로 자본주의의 하위 시스템인 산촌 자본주의의 본령이다'라는 주장은, 이원론에 집착할 것 없이 미래의 경제를 모색해 간다는 점에서 긍정적이라고 생각한다.

또한 모타니는 농작물이나 친환경 난로 등을 스스로 만듦으로써 얻는 '기쁨'에는 적은 이윤을 상쇄하는 가치가 있다고 주장하고 있다. 이에 대해 '농업이나 자연은 캠핑과 같은 레저와는 다르다. 감상적인 주장'이라는 반론이 있다. 그러나 아마 이러한 온도차야말로 돈으로 살 수 없는 것에 대해 가치평가를 내릴 때 가장 까다로운 부분일 것이다.

자본주의의 주류에 있는 고전적 경제학에서는 '소비의 질을 묻지 않는다'는 특징이 있다. 즉 1만엔을 썼다면 그것이 '애인과 영화를 보고 식사를 해서 아주 즐거웠고, 덕분에 관계도 깊어졌다'는 경우나 '(본래 3만엔인 것을) 싸다고 생각하고 1만엔에 샀는데 결국 싸구려라 쓰지도 못했다'는 경우나 통계적으로 계상되는 가치는 같다고 본다.

같은 1만엔의 와인이라도 축하를 위해 큰맘 먹고 산 경우나 부자가 일상적으로 산 경우나 GDP를 향한 공헌도는 동일하게 평가받는다. 모타니가 얘기한 '식품을 스스로 만드는 기쁨'을 취미의 강요라고 해석할 필요는 없다. '축하를 위해 큰맘 먹고 산 1만엔의 와인'이라는 소비가 일상적인 소비보다 질적으로 높다는 것을 강조한 결과라고 해석하면 좋을 것 같다.

문화재와
이노베이션

● ● ●

절대 돈으로 살수 없는 것 중 하나가 역사다. 몇 천 년 전에 만들어진 문화재와 그것을 만든 역사는 결코 돈으로는 살 수 없는데, 돈을 써서 보존할 수는 있다. 그러기 위해 막대한 돈이 필요한가 하면 그렇지도 않다. 『영국인 애널리스트 일본의 국보를 지키다. 고용 400만명, GDP 8% 성장을 위한 제언』(고단샤, 2014년)을 쓴 데이빗 앳킨슨은 문화재 보호를 성장분야로 자리매김해야 한다고 주장하고 있다.

경제 전체의 성장은 둔화해도 개별 분야에서 성장 가능성은 충분히 있다. 2장에서 '인터넷이나 휴대전화 같은 이노베이션은 있어도 경제 전체는 그렇게 성장하지 않고 있다'고 얘기했다. 그러나 정확히 말해 그런 이노베이션이 축소되는 다른 분야를 보완해서 경제 전체로서는 정상을 유지할 수 있었다고 해야 할 것이다. 성장분야가 교대됨으로써 경제는 꼭 성장하지 않더라도 활성화될 수 있다.

'고용 400만명, GDP 8% 성장을 위한 제언'이라는 이 책의 부제는 출판사측으로부터 '책을 팔려면 숫자로 눈길을 끌어야 한다'는 말을 듣고 끌어들인 숫자일 거라는 쓸데없는 추측을 해본다. 하나의 분야만으로 '한방에 가는' 형태의 성장은 없더라도, 앳킨슨이 호소하는 문화재 보호 비즈니스는 새로운 성장 벡터가 될 수 있다고 본다. 그래서 저성장에서도 이노베이션은 중요한 것이다.

벌써 20년 정도 된 일인데, 필자도 앳킨슨과 부서는 다르지만 같은 증권회사에서 일한 적이 있다. 한번은 회사에서 1박짜리 워크샵을 간 적이 있었다. 호텔의 소파에 솔기가 타진 것을 보고, 그 당시 상사가 '이것 봐, 소파가 고급인지가 문제가 아니라 타진 솔기를 수선했는지 여부로 호텔의 품격을 알 수 있는 거야'라는 말을 했었다.

나는 그 말을 듣고 뜨끔했다. 미안하게도 그 상사는 고급품에만 관심이 있을 거라고 생각했었기 때문이다.(그것도 악의는 없었겠지만) 그런데 그 상사가 '수선을 하면 없어 보이지'라고 하지 않고 '(타진 채로 두지 말고)수선만 해도 품격을 느끼게 한다'고 말하니 존경하지 않을 수 없었다.

숙박객이 품격을 느끼고 '이 호텔에 또 오자'고 생각했다면 결과적으로 소파의 수선은 수익을 낳는 투자가 된다. 보통의 소파에 문화재와 같은 역사적 가치가 있는 것은 아니지만 느낌상으로는 통하는 면이 있다고 생각한다.

에도시대의
하베이 로드

● ● ●

일본은 선진국 중에서도 이른 단계부터 역사적 변화를 경험하고 있다고들 한다. 저출산 고령화의 진행은 말할 것도 없고, 1980년대 후반 일본의 버블은 2000년대 초 미국의 인터넷 버블에 앞서고, 1990년대 후반의 금융위기는 서브프라임 위기에 앞선다. 디플레를 최초로 경험한 것도 일본이고, 2001년에 양적완화를 도입했을 때는 세계로부터 '일본만의 특수한 금융정책'으로 간주되다가 2008년 이후는 각국에서 도입됐다. 일본은 장차 정상定常경제(성장을 목표로 하지 않는 경제)에 있어서도 여타 선진국의 벤치마크가 되기에 적합한 백그라운드를 겸비하고 있다고 본다.

성장을 목표로 하지 않는 상태는 돈이 늘지 않는 대신에 돈으로 환산할 수 없는 것을 객관적으로 평가할 수 있는 사회라고 생각한다. 진부한 말일지도 모르지만 '품격' 있는 경제사회인 것이다. 에도시대를 그 모델로 생각하는 입장이 몇몇 있는 것 같다.

에도시대의 지배층인 무사는 기본적으로 경제적 기반을 갖고 있지 않았다. 부를 가진 것은 상인이고, 지배층이라고는 해도 일반적으로 상인에게 빚을 지고 있었다. 경제적 이익이 지배층과 국민을 이어주는 것은 아니었다. 무사는 선거로 뽑힌 것은 아니었지만,

자기들의 이상 아래 통치를 행하고 있었다. 결과적으로 저성장이 지만 서구에는 없는 문치文治사회가 존재했다고 보는 견해가 많다. 1960년대 이래 일본인의 사회조직론으로 유명한 사회인류학자 나카네 치에도 그런 주장을 하고 있다. 오늘날 일본의 재정규율이 느슨해진 이유를 굳이 단순화하자면, 돈을 뿌리면 '선거에 이기기' 때문이며 국민도 그런 정치가에게 투표하고 있기 때문이다. 따라서 다음 선거에 이기기만 한다면, 또는 다음에 이긴 정치가가 지금까지와 마찬가지로 기득권익을 인정해주기만 한다면, 선거권이 없는 차세대 국민들(아직 태어나지 않은 아이도 포함)의 입장은 아무래도 좋다는 모양새가 되어버렸다.

'하베이 로드의 전제'란 케인즈 경제학에 나오는 개념으로, '경제정책은 (민주주의로 선출된 사람들이 아니라) 소수의 합리적인 현인賢人에 의해 운영된다'라는 것이다. 민주주의에서는 어떻게든 다수결에 따라 '이익의 쟁탈'이 전면에 나와 버리게 된다. 반면 에도시대는 하베이 로드의 전제가 성립했던 귀중한 시대였을지 모른다. '품격' 있는 경제사회로 에도시대를 연구해 볼 만하다.

21세기의 자본은
인적자본

• • •

토마 피케티의 『21세기 자본』이 세계적 베스트셀러가 되자 격차 문제에 관한 논의가 활발해졌다. 이익이 노동자가 아니라 자본을 보유하는 층에 치우쳐 배분되기 때문에 시간과 함께 자본이 회전할수록 자본을 가진 자에게 부가 집중된다는 이야기이다. 그런 경향은 미국에서 특히 강할지 모른다. 미국에서 개성이 존중된다는 말은 결국 미국에서는 너무도 격차가 많아서 격차까지 포함해 개성으로 인정하지 않으면 살아갈 수 없다는 것의 반증이기도 할 것이다.

피케티가 제기한 주장은 너무도 많아서 여기서는 깊이 들어갈 수 없다. 다만 '격차＝악'이라는 단순한 흑백 이원론의 뉘앙스를 피케티와 같은 지식층이 빚어내고 있다는 점에서 유감스럽게 생각한다. 교육을 받는 데도 돈이 많은 쪽이 유리한 것은 부정할 수 없지만, 노력은 돈으로는 살 수 없다는 것도 잊어서는 안 될 것이다.

격차를 긍정하는 것은 사회적으로 용기를 필요로 하는 일이다. '격차가 있기에 이노베이션도 있다'는 면도 분명 존재하니까. 음악이나 만화 등의 예술분야가 특히 알기 쉬운 예로, 잘 나가는 상위 1%의 창작자는 몇 천억 엔이나 연수입이 있는 반면, 예술만으로는 생계가 유지되지 않는 사람도 있다. 그렇다고 인기작가의 연수입 절반을 비인기작가 쪽으로 돌리는 시스템을 만든다면 질은 훨씬 떨어져 버릴 것이다. 격차라고 하면 부정적인 뉘앙스로 들리지만, 일반인은 '스타를 원하는' 마음도 품고 있다. 안전망은 필요하지만, 단순한 격차부정론으로 정리할 수는 없다.

흥미롭게도 '격차가 있기에 이노베이션도 있다'는 경향이 강한 분야일수록 노동집약적 요소가 강한 것 같다. 과거에 비하면 기계화할 수 있는 부분도 늘어났을 테지만, 가장 핵심이 되는 부분은 인간의 작업을 통한 '예술 분야'일 것이다. 인적자원이야말로 21세기의 자본이 아닐까.

피케티는 '자본'은 소유되는 것으로 한정하면서 인적자본은 굳이 제외시키고 있다. '굳이'라는 말은 인적자본을 소유하는 것이 노예제도와 같기 때문이다. 사람을 소유하는 것은 분명히 인권에 반한다. 그러나 그렇다고 해서 인적자본이 없는 것은 아니다. 경제학 교과서에 나오는 코브 더글라스 생산함수에서 노동력과 자본은 투입자원으로서 병렬이다. 인적자본은 DNA를 통해 당당히 상속하면 되고, '낳아준 부모보다 길러준 부모'라는 말처럼 후천적인 요소를 계승하게 할 수도 있다. 길러주는 부모는 유년기뿐 아니라 평생 필요하다. 또, 부모가 되어 아이로부터 배우게 되는 '역상속'도 있다.

어쨌든 정상경제로 이행해 가면 r(자본수익률)이나 g(경제성장률)나

전체로서는 0에 수습해 가는 것이므로, 이제는 너무도 유명해진 피케티의 'r>g'라는 식도 과거의 것이 될 것이다. 물론 개별적인 r은 성장분야에서 플러스가 되는 것도 있다. 피케티가 말하는 것처럼 자산과세를 해 그것을 재배분하기보다는 GDP 단계에서 노동분배율이 늘어날 만한 사회 시스템을 만드는 쪽이 동기부여적으로 바람직해 보인다.

마이너스 금리가 최종적으로 마이너스 성장을 부르는 전개가 구조화되어 가는 것을 피하려면 저성장을 정면으로 받아들임으로써 재정규율을 회복하는 수밖에 없을 것이다. 일본의 마이너스 금리는 시장이 재정을 우려하지 않아서 생긴 게 아니다. 오히려 글로벌 경제 속에서 해외투자가만 일본국채에 대한 가산금리를 얻어가는 구조가 되어 있다는 사실이 보다 널리 알려져야 한다.

인간이란 진짜 쇼크가 일어날 때까지는 배우지 않는다는 슬픈 습성이 있다지만, 어떻게든 그것을 극복할 방안이 절실하다. 미래에 불안을 느끼는 젊은이들의 '인적자본 유출capital flight'이 일어나는 최악의 시나리오만큼은 피할 수 있기를 간절히 소망한다.

이 책을 쓰게 된 계기는 2014년 9월, 단기국채 금리가 마이너스로 거래된 일 때문이었다. 처음에는 단순히 그 기현상 자체를 규명하고 싶었다. 그런데 글을 써 나가면서 그것이 글자 그대로 기현상이라는 것을 다면적으로 통감하기 시작했고, 필자가 최근 수년에 걸쳐 의식하고 있던 마이너스 금리와 재팬 프리미엄과의 접점을 재인식하게 됐다. 이 '충격'을 어떻게 검증하여 전달할지를 모색하는 동안에 결국 집필은 1년 짜리 프로젝트가 되었다.

필자는 '퀀츠quants(금융수리)'라 불리는 분야의 애널리스트다. 최근의 대상은 채권시장이지만 전에는 주식시장을 다룬 적도 있다. 그 사이 다각도로 함께 토론해온 동료와 선배, 후배로부터 받은 직간접적인 인풋은 이루 헤아릴 수 없다. 그런 의미에서 이 책에서는 마이너스 금리라는 주제를 좇으면서도 채권시장에 대해 필자가 길러온 시장적인 접근 방법까지를 독자에게 전하고 싶었다.

채권시장은 주식이나 환율시장과 비교할 때 일반적으로 친숙함이 덜할지도 모른다. 그 이유는 채권은 개인이 매매하기 어렵기 때문만이 아니라 '가격'이 직접적으로 잘 보이지 않는다는 점 때문이기도 하다.

주식의 경우 500엔이면 500엔이라는 가격이 그대로 가치를 나타낸다. 한편 채권은 1%라는 금리가 있고, 그 금리를 근거로 예컨대 102엔이란 가격이 있다. 거래자에게 우선 중요한 것은 1%이지 102엔이 아니다. 이런 것이 대수롭지 않은 것 같지만 사실 의외로 채권시장을 이해하기 어려워 보이게 만드는 원인일 수 있다.

그러나 알기 쉬운 것이 꼭 진리를 해명해주진 않는다. 논리대로 전개되지 않는 답답함까지 포함해 시장의 날것 그대로의 모습을 이 책을 통해 엿볼 수 있었다면 다행이라 생각한다. 종장에서는 퀀츠 애널리스트의 입장을 넘어 한 개인으로서 일본 경제에 대한 고찰까지 논해 보았다.

도요경제신보사 출판국의 이토 모모코 씨가 아직 많은 이들에게 익숙지 않은 마이너스 금리에 관한 이 책의 출판 가치를 인정해주었고, 보다 많은 독자층에 호소하기 위한 조언을 주셨다. 1년간 애써 주신 것에 진심으로 감사를 표한다.

물푸레나무 향기로운 2015년 10월

도쿠가츠 레이코

마이너스 금리의 경고

초판 1쇄 발행 2016년 6월 10일
      3쇄 발행 2021년 2월 26일

지은이 도쿠가츠 레이코
옮긴이 유주현
감수 이성규

발행인 곽철식
편집 김나연
발행처 다온북스

출판등록 2011년 8월 18일
주소 서울 마포구 토정로 222, 한국출판콘텐츠센터 313호
전화 02-332-4972 팩스 02-332-4872

인쇄와 제본 영신사

ISBN 979-11-85439-43-3 03320